幼教教具設計系列 ②
Teaching Aid

摺紙佈置の教具

照著做，輕鬆做！！

摺紙佈置の教具

前言

　　本書中利用紙材的簡易特性製作成教室的教具佈置。本系列的第一冊「教具製作與應用」中〝第四章-摺紙剪紙的利用〞已做過些許的摺紙介紹，本書將此部份提出加以擴大，並加上創意作成教室內的教具。

　　可愛的造型分為摺紙與立體摺紙二部份，共有八個單元，書中的每個造型都有線稿與製作方法的講解，教您輕輕鬆鬆的製作教具。

　　我們可以將摺紙作品盡情發揮，表現於海報上，展現半立體與立體的變化；表現於小舞台的佈景製作，更具有特色；或者我們可以將它們作成可愛的裝置藝術，擺飾於校園內的空曠空間裡，讓小朋友們發揮想像，從遊戲中學習。

如何使用本書？

■ 第一要件－〝放大〞

摺紙部份

1.拼色紙 將色紙的背面貼上雙面膠，把色紙拼貼起來即可使用。

2.包裝紙 市面上販售的包裝紙紙材薄、色澤鮮麗，最適宜做大作品的摺紙。

立體摺紙部份

1.線稿放大

利用作品的線縞放大使用，可以作成各種大小的作品。

2.延伸變化 其延伸變化例如：

1.教室佈置

2.教具裝飾 3.舞台佈置

4.紙偶劇（說故事）5.美勞課的課題創作

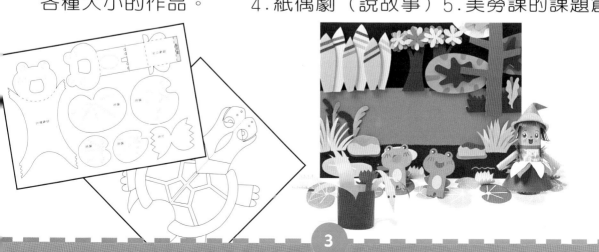

目錄

第一單元 12～21

第二單元 22～35

第三單元 36～45

第四單元 46～55

工具材料

Tools & Materians

黏貼的工具

噴膠-便於大面積紙張的黏貼,或製作雙面色紙時。

泡棉膠-可用來墊高、使其凸顯立體感的黏貼工具。

雙面膠-可用來黏接紙張,如"黏貼處"的部份可利用雙面膠。

相片膠-利於紙雕時的黏貼。

白膠-最基本的黏貼工具。

保麗龍膠-專用於黏貼保麗龍與珍珠板,也可使用於製作立體物的黏貼。

Tools & Materians

剪裁的工具

剪刀-剪裁必備的工具。

刀片-利於切割紙類,但必須小時使用:其中刀片之刀鋒分有30°與45刀片,本書一律使用30°之刀片。

圓規刀-專用於切割圓形的器具。

切割器-可切割珍珠板和保麗龍,可調整寬度來使用。

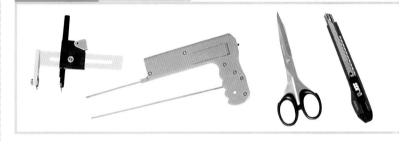

Tools & M...

製圖的工具

描圖紙-描圖、製圖必備工具。

圓規-製作錐形立體摺紙時須具備之工具。

無水原子筆-可用於描圖、劃摺線,作紙的彎弧。

圓圈板-可用於畫圓,共有36種不同大小的圓,方便使用。

雲形板-利用雲形板可以劃出各種大小的圓。

三角板-利用三角板製圖,使製圖更準確方便。

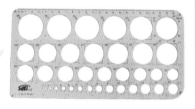

紙材的選擇

Tools & Materians

美術紙－包括書面紙、臘光紙、粉彩紙、丹迪紙等。

包裝紙－包裝紙的紙材薄，可用來製作摺紙，也可利用其花紋來點綴作品，如衣服、裙擇等；漸層包裝紙的使用會更有一番特色。

雙色色紙－正反面皆有不同顏色，可使摺紙作品上有雙色的表現。

色紙－市面上有販售一包色紙內10種尺寸各10張的色紙，大多屬蠟光紙；較常見的色紙尺寸為15公分×15公分。

漸層色紙－分為菱形、圓形、方形等，讓摺紙作品顯得更豐富。

花紋色紙－有些色紙上印有樹葉和小動物的花樣。

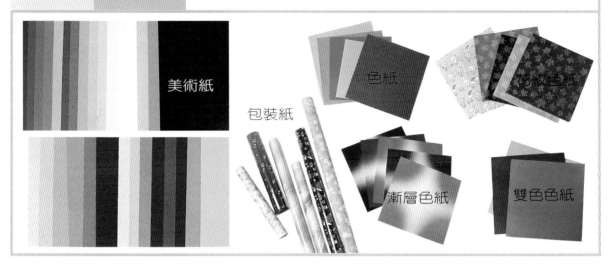

美術紙　色紙　花紋色紙　包裝紙　漸層色紙　雙色色紙

輔助的工具

Tools & Materians

立可白－可用來點繪眼睛或作小白點花紋。

打洞器－可以打出圓形紙片或鏤空小圓。

豬皮擦－利用豬皮擦可將溢出的乾膠水擦掉，也可以用來擦拭剪刀刀面的膠漬。

廣告顏料－書中有些作品的眼睛，可以利用白色廣告顏料來繪製。

粉彩－粉紅色可用於表現腮紅，用棉花棒以打圓方式輕抹出顏色。

珍珠板、保麗龍－可製造出立體的層次感，也可用於立體物與板面的組合。

關於摺紙

摺紙是小朋友入門勞作前第一件美勞作品，

只用一張方形的色紙，

即可變化出各種動物、花朵、物品、鳥類等，

藉由摺紙可以訓練小朋友的辨視力和耐心，

與手指頭的靈活度、自然觀察的能力；

在這本書中我們將它們組合起來，

成為有趣可愛的教具，

將其佈置於教室裡，成了另一種風味；

老師們可以指導小朋友們一起製作佈置，

簡易的製作方法和可愛的造型，

會更吸引小朋友的參與。

在進入摺紙世界前，

有6個基本技法必須要先熟知，

P10、11中有詳細解析，

讓我們一起來玩摺紙吧！

一年之計在於春，
一日之計在於晨。

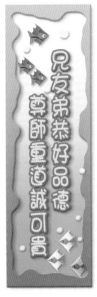

兄友弟恭好品德，
尊師重道誠可貴

啟發孩子們的創意空間，
輕鬆快樂的學習成長。

創造一個優質的學習環境，
培養頂尖的智慧人才。

常看書，常聽寫，
生活常識樣樣行

動動手，動動腦，
多看多聽多學習

作業抽查區

歡喜做
甘願做

公佈欄

公佈欄

友愛同學

考試開放中
午休時間

ZOO

二年三班

聖誕派對
Merry X'mas

基本技法

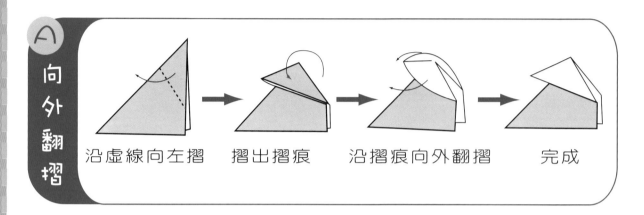

A 向外翻摺

沿虛線向左摺　　摺出摺痕　　沿摺痕向外翻摺　　完成

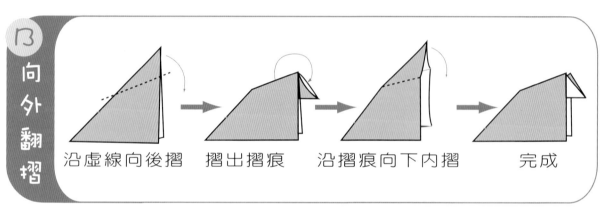

B 向外翻摺

沿虛線向後摺　　摺出摺痕　　沿摺痕向下內摺　　完成

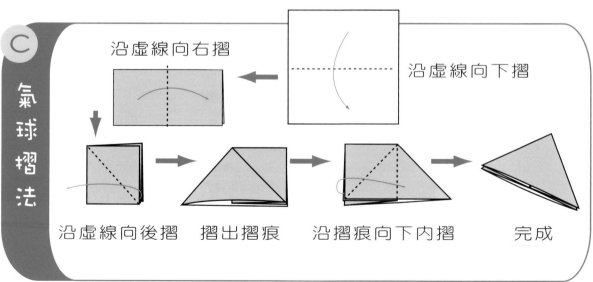

C 氣球摺法

沿虛線向右摺　　　　　　沿虛線向下摺

沿虛線向後摺　　摺出摺痕　　沿摺痕向下內摺　　完成

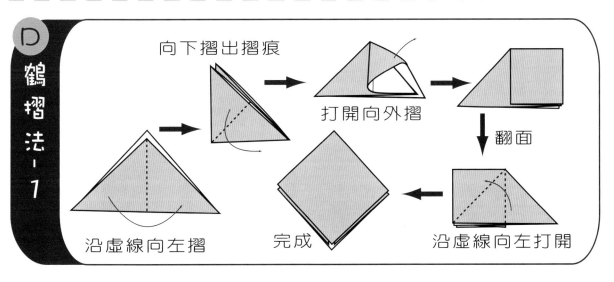

D 鶴摺法-1

向下摺出摺痕

打開向外摺

翻面

沿虛線向左摺

完成

沿虛線向左打開

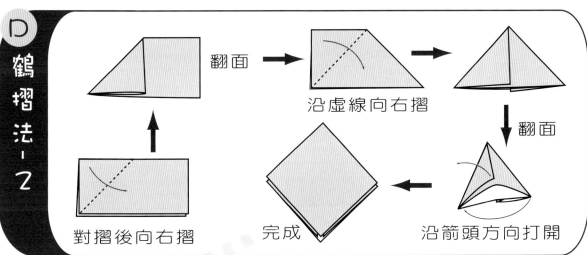

D 鶴摺法-2

翻面

沿虛線向右摺

翻面

對摺後向右摺

完成

沿箭頭方向打開

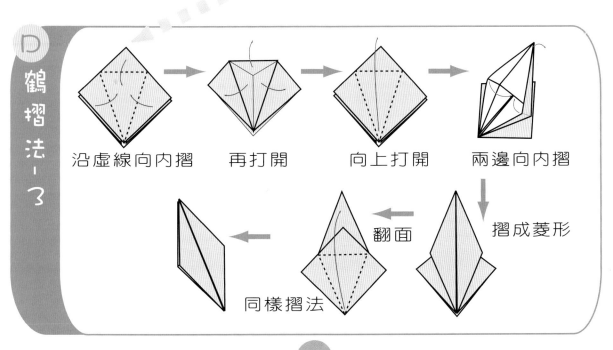

D 鶴摺法-3

沿虛線向內摺　再打開　向上打開　兩邊向內摺

摺成菱形

翻面

同樣摺法

摺紙的教具

水 的 世 界

一年之計在於春‧一日之計在於晨

兄友弟恭好品德‧尊師重道誠可貴

作業抽查區

美人魚/	鯊魚/
船/	水母/
金魚/	神仙魚/
熱帶魚/	鮪魚/
章魚/	蝦/

　　先在壁面上製作出背景，可利用珍珠板或保麗龍來墊出層次感，加上紙雕技法使其更顯生動。再一一組合上具故事感的主角，即完成一幅有趣的人魚公主的壁面佈置。另外還有直立標語牌、佈告欄與指示牌，利用摺紙技法來製作一隻隻的水中生物。

美人魚摺法

❶魚身摺法
以鶴摺法開始
（第11頁）

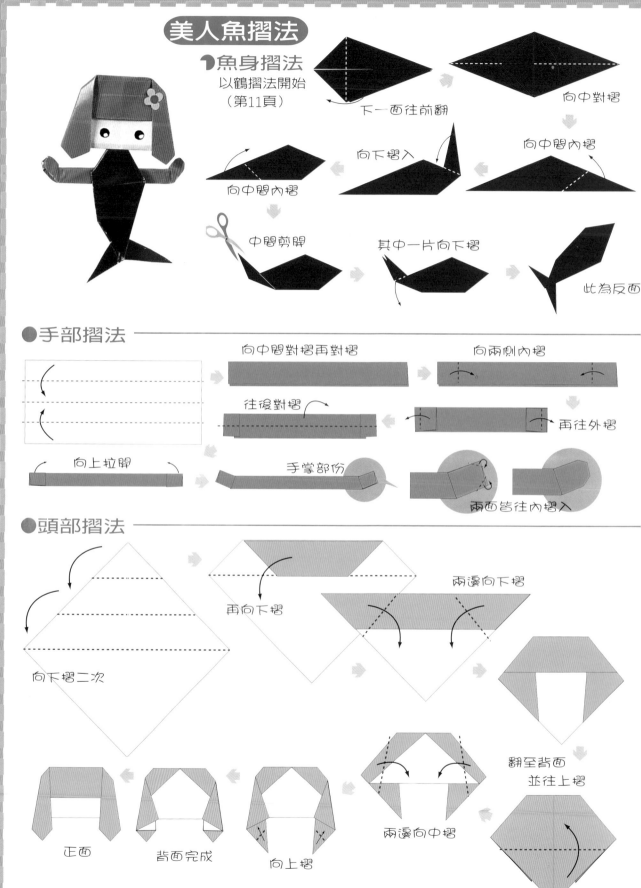

向中對摺

下一面往前翻

向中間內摺

向中間內摺

向下摺入

向中間內摺

中間剪開

其中一片向下摺

此為反面

●手部摺法

向中間對摺再對摺

向兩側內摺

往後對摺

再往外摺

向上拉開

手掌部份

兩面皆往內摺入

●頭部摺法

再向下摺

兩邊向下摺

向下摺二次

翻至背面
並往上摺

兩邊向中摺

正面

背面完成

向上摺

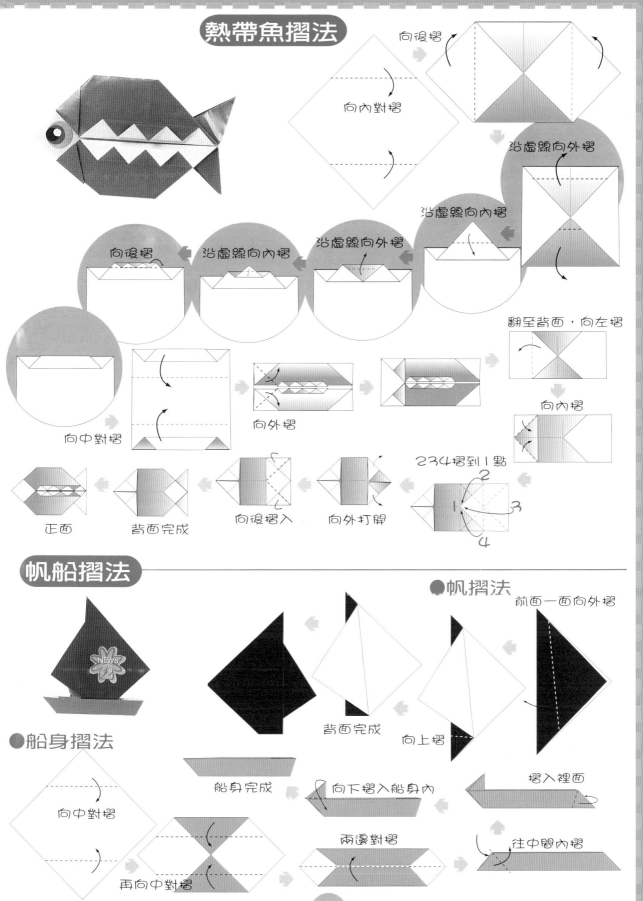

熱帶魚摺法

向後摺

向內對摺

沿虛線向外摺

沿虛線向內摺

沿虛線向外摺

沿虛線向內摺

向後摺

翻至背面，向左摺

向內摺

向中對摺

向外摺

234摺到1點

正面　　　背面完成　　向後摺入　　向外打開

帆船摺法

●帆摺法

前面一面向外摺

背面完成

向上摺

●船身摺法

船身完成

向下摺入船身內

摺入裡面

向中對摺

兩邊對摺

往中間內摺

再向中對摺

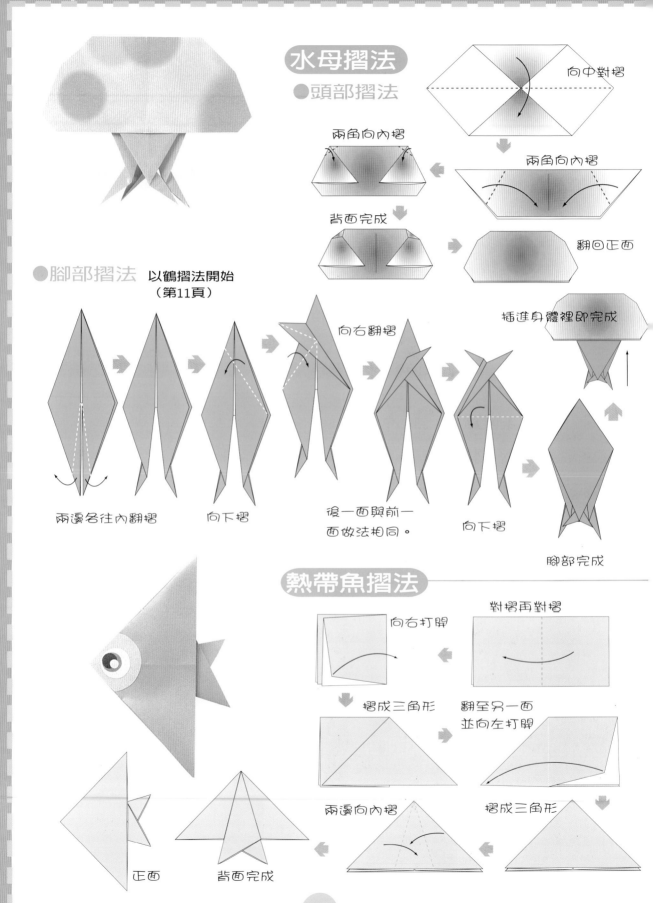

水母摺法

●頭部摺法

向中對摺

兩角向內摺

兩角向內摺

背面完成

翻回正面

●腳部摺法 以鶴摺法開始
（第11頁）

向右翻摺

插進身體裡即完成

兩邊各往內翻摺

向下摺

後一面與前一
面做法相同。

向下摺

腳部完成

熱帶魚摺法

向右打開

對摺再對摺

摺成三角形

翻至另一面
並向左打開

兩邊向內摺

摺成三角形

正面

背面完成

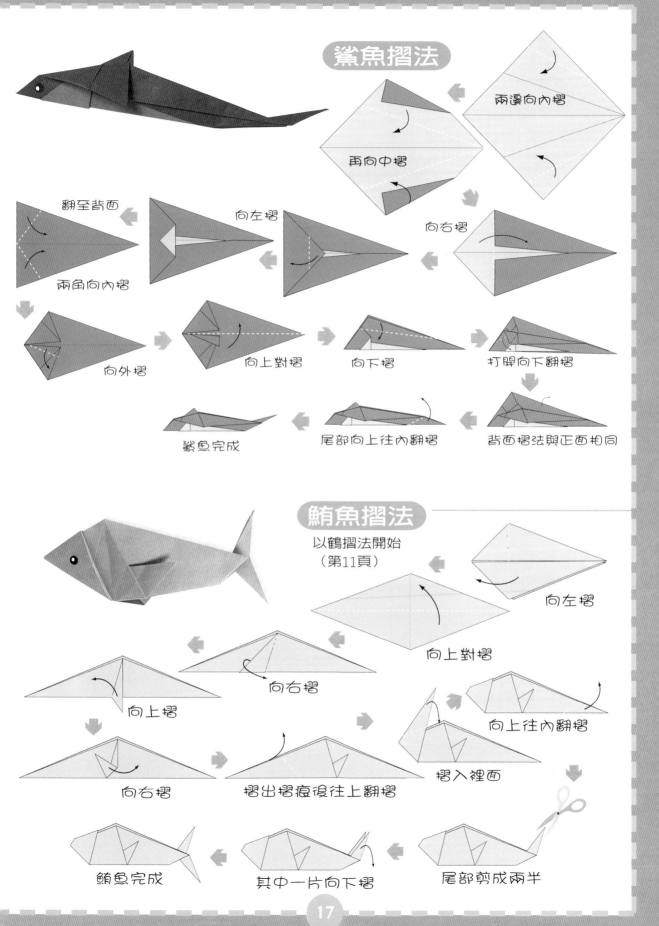

鯊魚摺法

兩邊向內摺

再向中摺

向右摺

向左摺

翻至背面

兩角向內摺

向外摺

向上對摺

向下摺

打開向下翻摺

背面摺法與正面相同

尾部向上往內翻摺

鯊魚完成

鮪魚摺法

以鶴摺法開始
（第11頁）

向左摺

向上對摺

向右摺

向上往內翻摺

向上摺

摺入裡面

向右摺

摺出摺痕後往上翻摺

尾部剪成兩半

鮪魚完成

其中一片向下摺

直立牌

將直立牌分為二層，以珍珠板來墊高，烏賊作成多種大小，可營造出距離空間感。烏賊本身分為二部份製作，組合時可利用雙面膠或膠帶。

烏賊摺法　●身體摺法

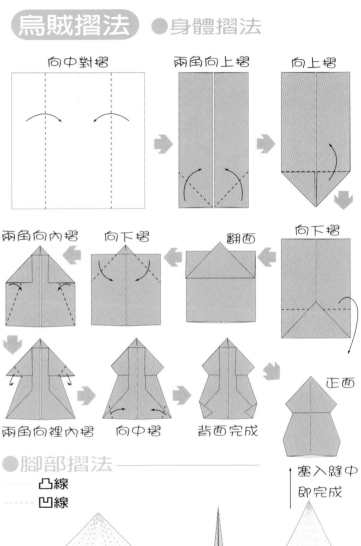

向中對摺　　兩角向上摺　　向上摺

向下摺　　翻面　　向下摺

兩角向內摺　　向下摺

兩角向裡內摺　　向中摺　　背面完成

正面

塞入縫中即完成

●腳部摺法

　凸線
- - - 凹線

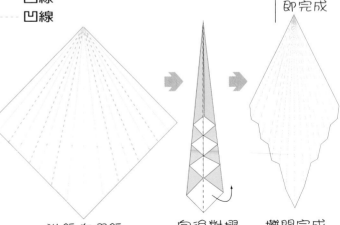

沿線作摺線　　向後對摺　　攤開完成

直立牌

於直立牌上貼上較淺的水紋，可用泡棉膠墊高，神仙魚貼於水紋上並墊高，神仙魚可用兩面色紙來表現出魚類色彩的艷麗。

神仙魚摺法

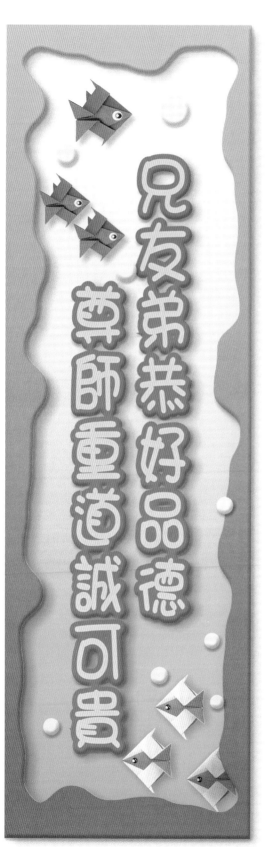

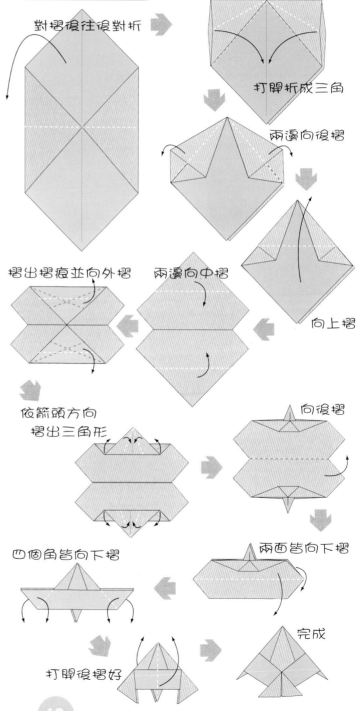

對摺後往後對折

打開折成三角

兩邊向後摺

摺出摺痕並向外摺　　兩邊向中摺

向上摺

依箭頭方向摺出三角形

向後摺

四個角皆向下摺

兩面皆向下摺

打開後摺好

完成

公佈欄

利用河豚造型來作公佈欄是很合適的,因為河豚本身的身體部份較為寬大,再做一些裝飾即為一個可愛的公佈欄。

金魚摺法

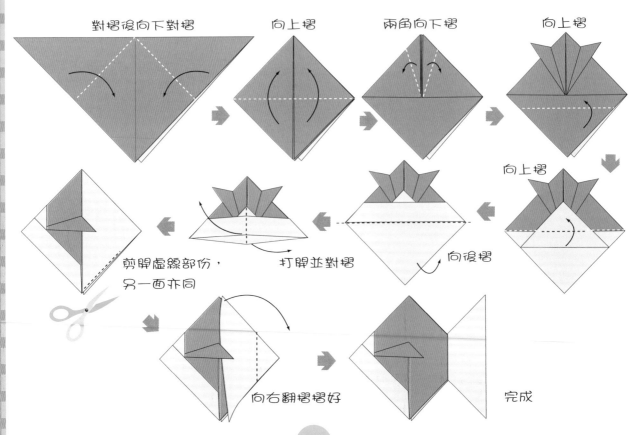

對摺後向下對摺　　　向上摺　　　兩角向下摺　　　向上摺

向上摺

剪開虛線部份,
另一面亦同

打開並對摺

向後摺

向右翻摺摺好

完成

指示牌

蝦子的兩螯與指示牌的主題應有所連接，例如"作業抽查區"之於蝦子的兩螯，讓蝦子在此生動了起來，製造出故事性，增加一些趣味。

蝦子摺法

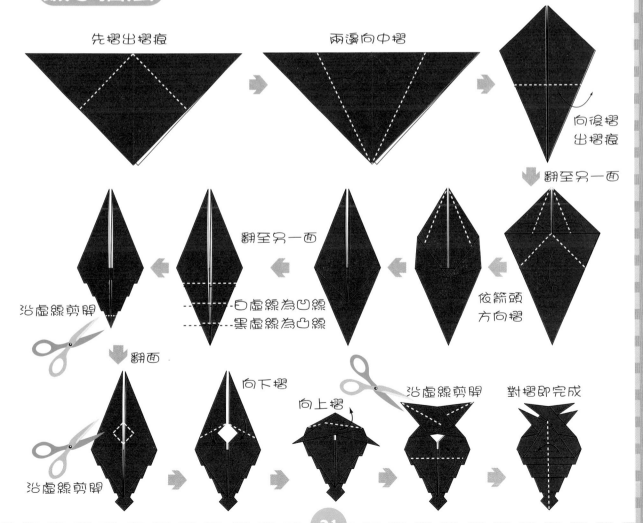

先摺出摺痕

兩邊向中摺

向後摺出摺痕

翻至另一面

依箭頭方向摺

翻至另一面

白虛線為凹線
黑虛線為凸線

沿虛線剪開

翻面

沿虛線剪開

向下摺

向上摺

沿虛線剪開

對摺即完成

摺紙的教具

 可愛動物

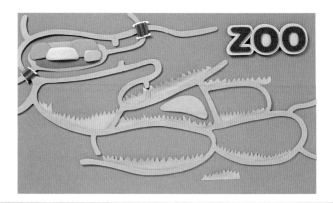
ZOO

白兔/
大象/
樹木/
小鸚鵡/
小雲雀/
鴨子/
天鵝/
鶴/
猴子/
企鵝/
草/
蜻蜓/
馬/
小鹿/
鴿子/
麻雀/
小狗/
房子/
狼/
豬/
擬人化動物/
山茶花/
小草/
葉子/

利用〝動物園〞這個主題製作成如園區地圖一般：字體以泡棉膠墊高，路徑亦將其墊高，使背景顯得有立體感。還有直立牌、門口指示牌、公佈欄、班牌的教具佈置。

兔子摺法

向上摺 向上摺

向下摺

向上摺

向內摺 向下摺 背面完成 翻至正面

大象摺法

向中摺 向下摺 向上摺 三角向下摺

完成 打開摺入 翻面
五角向後摺 先向上摺
再向下摺

樹木摺法

向中摺 背面完成

向中摺 樹幹背面 向內塞入 正面

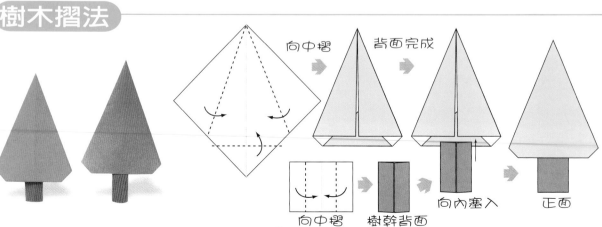

小鸚鵡摺法

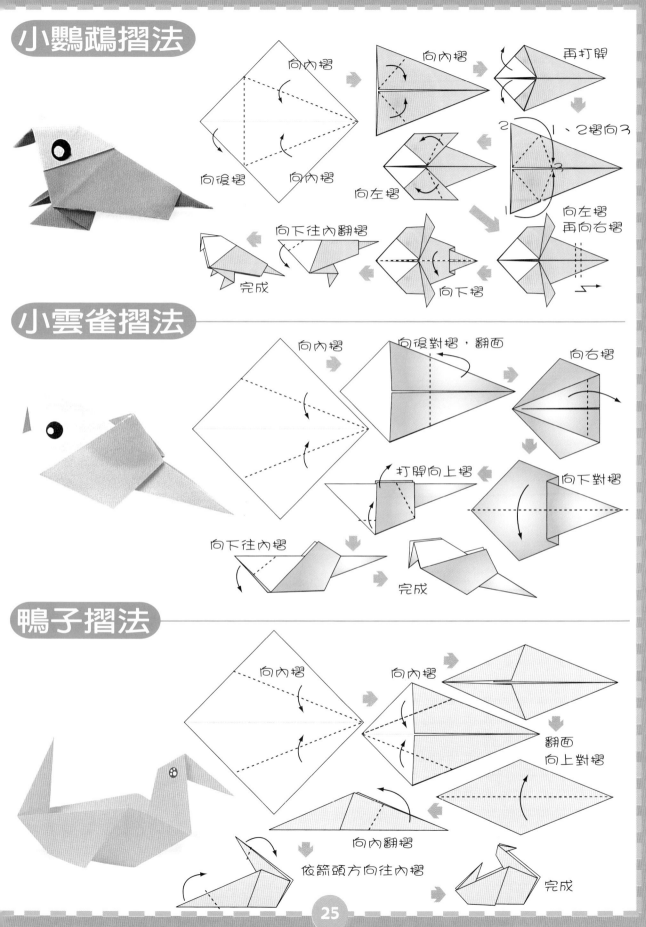

向內摺

向內摺

再打開

2 1、2摺向3

3

1

向後摺　向內摺

向左摺

向左摺再向右摺

向下往內翻摺

完成

向下摺

小雲雀摺法

向內摺

向後對摺，翻面

向右摺

打開向上摺

向下對摺

向下往內摺

完成

鴨子摺法

向內摺

向內摺

翻面向上對摺

向內翻摺

依箭頭方向往內摺

完成

天鵝摺法

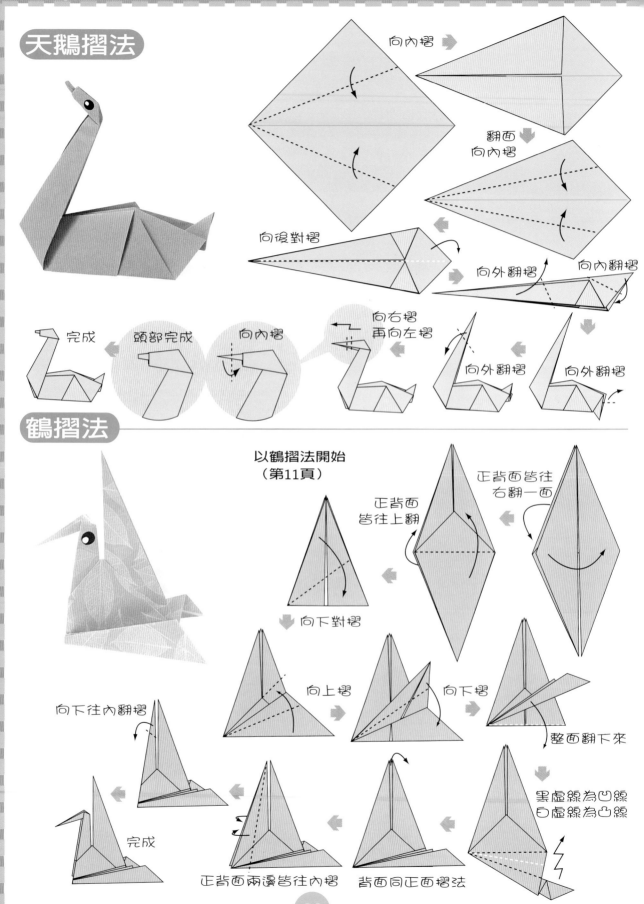

向內摺

翻面
向內摺

向後對摺

向外翻摺

向內翻摺

向右摺
再向左摺

向外翻摺

向外翻摺

完成

頭部完成

向內摺

鶴摺法

以鶴摺法開始
（第11頁）

正背面皆往
右翻一面

正背面
皆往上翻

向下對摺

向上摺

向下摺

整面翻下來

黑虛線為凹線
白虛線為凸線

向下往內翻摺

完成

正背面兩邊皆往內摺

背面同正面摺法

猴子摺法

兩邊對摺再對摺

摺出摺痕

摺出摺痕

打開向下摺

向下摺

沿虛線向下摺

2摺到1點

打開回到步驟1

往下摺再往上摺

打開向內摺

向左摺

完成

企鵝摺法

背面也向外摺

向右摺

向下往外翻摺

向外摺

向上往內翻摺

先摺進再摺出

完成

草摺法

對摺後向上摺

前後再摺回來

向上摺

向上摺

翻面

翻面

向上摺

向後摺

完成

蜻蜓摺法

●身體摺法

四角向內摺

2、3打開摺向1

翻面

向右摺

向右摺

向左打開

向上摺

兩角向後摺

四角向後摺

兩邊向後摺

●翅膀摺法

做法同身體步驟1、2

向內摺入

背面完成

正面

插入中間
即完成

身體完成

馬摺法

以鶴摺法開始（第11頁）

向上摺

正背面皆向左翻一面

正背面皆向下摺

兩角向下摺

嘴部向裡摺

頭部向下摺

前腳向後摺

沿紅色虛線剪開

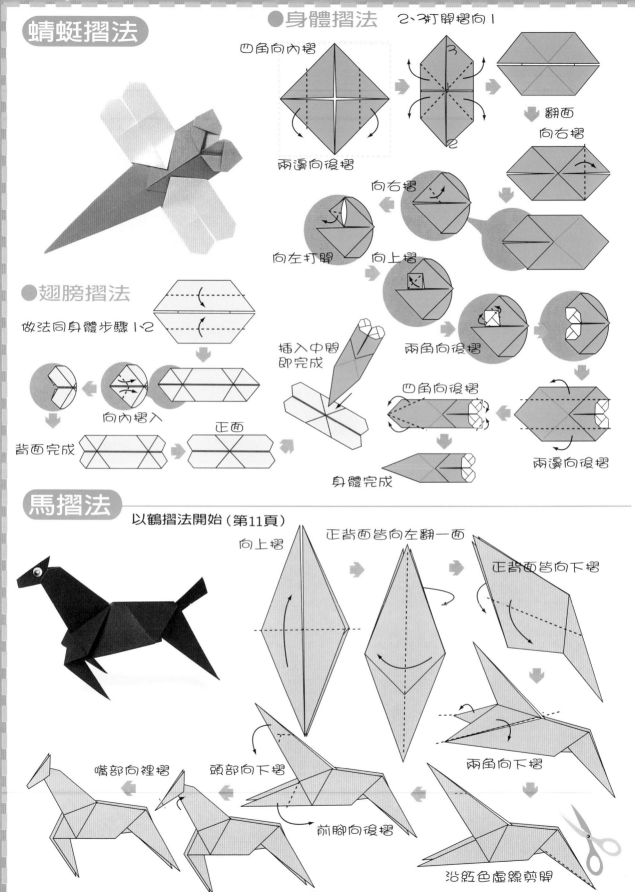

小鹿摺法

●前身摺法

上下對摺後
依摺線摺出摺痕

打開向內摺

右邊摺法同左

向右摺

兩邊向後摺

翻面

向右摺

尖角向上拉

向下往內翻摺

向後對摺

向右對摺

向上往內翻摺

向下往內翻摺

向內對摺

向上翻摺

前身完成

●後身摺法

上下對摺後
依摺線摺出摺痕

摺進再摺出

向左對摺

後身插入前
身中即完成

後身完成

打開向內翻摺

打開向內摺

下兩角往內摺
上兩角摺回原處

向上摺

右側長形面積對摺摺出摺痕

2下摺至1點
兩角向下摺

兩邊向下摺

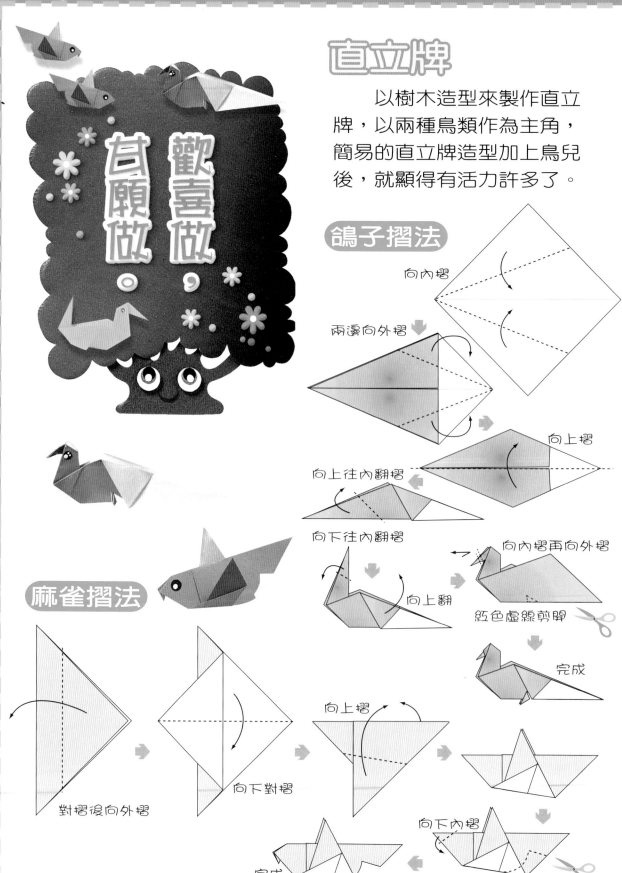

直立牌

以樹木造型來製作直立牌,以兩種鳥類作為主角,簡易的直立牌造型加上鳥兒後,就顯得有活力許多了。

鴿子摺法

向內摺

兩邊向外摺

向上摺

向上往內翻摺

向下往內翻摺

向上翻

向內摺再向外摺

紅色虛線剪開

完成

麻雀摺法

對摺後向外摺

向下對摺

向上摺

向下內摺

紅色虛線剪掉

完成

公佈欄

以生活情景表現在公佈欄上，親切的造型讓小朋友們不會有疏離感，公佈的藝文活動就很容易吸引小朋友的注意。

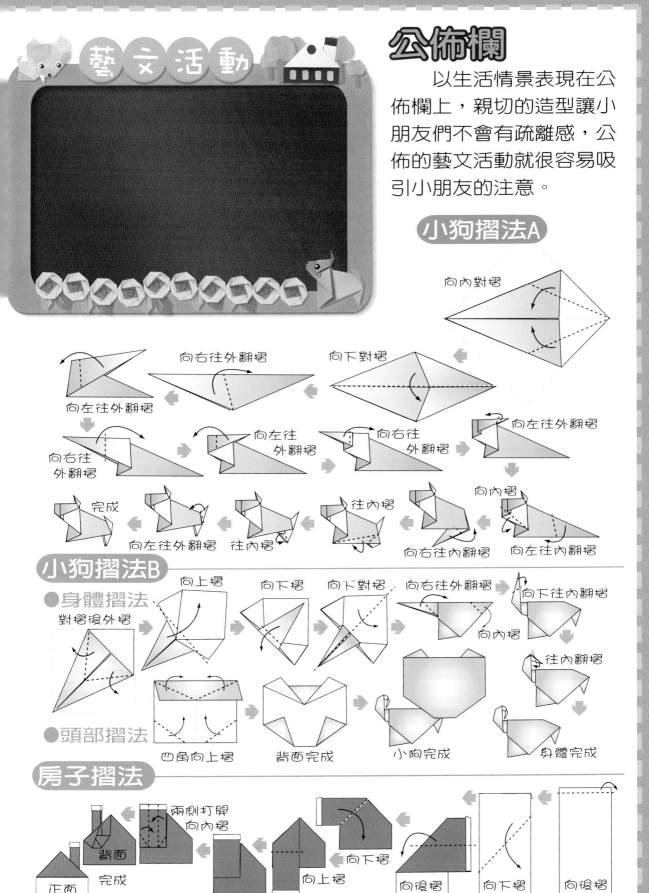

小狗摺法A

向內對摺

向右往外翻摺

向左往外翻摺

向下對摺

向左往外翻摺

向右往外翻摺

向左往外翻摺

向右往外翻摺

向內摺

完成

向左往外翻摺

往內摺

往內摺

向右往內翻摺

向左往內翻摺

小狗摺法B

●身體摺法

對摺後外摺

向上摺

向下摺

向下對摺

向右往外翻摺

向下往內翻摺

向內摺

往內翻摺

●頭部摺法

四角向上摺

背面完成

小狗完成

身體完成

房子摺法

兩側打開
向內摺

背面

完成

正面

向下摺

向上摺

向後摺

向下摺

向後摺

指示牌

在教室門口手把上的指示牌，可以利用摺紙來裝飾，活潑的造型和指示標語，讓指示牌不再生硬了。

狐狸摺法

● 頭部摺法

向下摺

向上摺

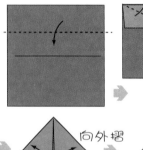

向後摺

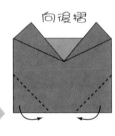

翻面完成

● 身體摺法

四角向內摺

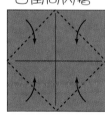

向外摺

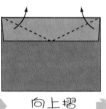

向後摺

向左翻

身體完成

向下摺

小豬摺法

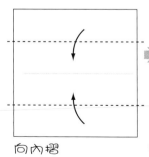

向內摺

兩邊向後摺

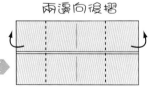

打開摺成三角

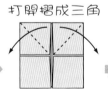

同上一摺法

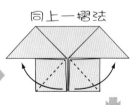

向上摺

向右摺

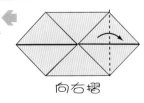

向下摺

向右摺二次

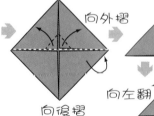

向上往內翻摺

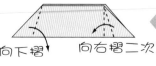

完成

門口設計

我們可以加上裝飾讓班牌和教室佈置融為一體,利用簡單的造型,就變得熱鬧非凡。

兔子身體摺法

● 身體摺法

向中摺　翻面　向下摺後再向後摺

向上摺入　向外打開

向中摺　背面完成　正面

● 手部摺法

兩邊向後摺

兩邊向中對摺　四角向內摺

向左摺再向右摺　向下對摺

大象身體摺法

● 身體摺法

向內摺　打開向外摺　兩角向右摺

對摺後向內摺　正面　背面完成　向左摺

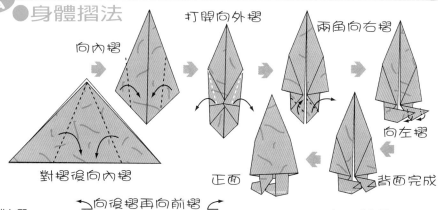

● 手部摺法

向下對摺　向後摺再向前摺　向下對摺

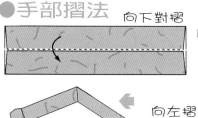

完成　向左摺

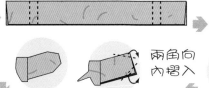

兩角向內摺入　向上拉開

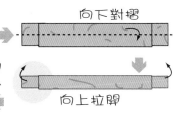

獅子摺法

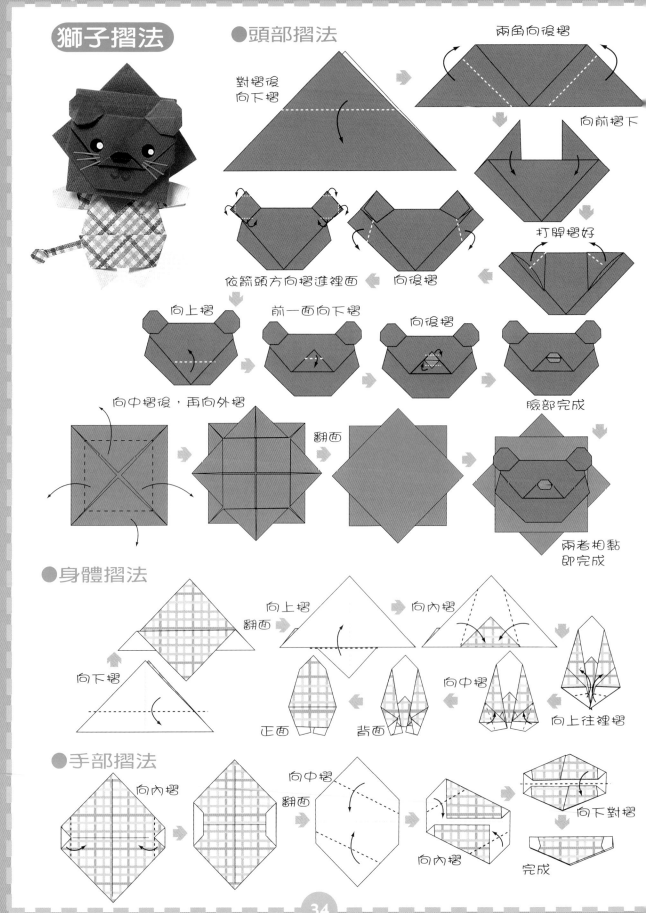

● 頭部摺法

對摺後
向下摺

兩角向後摺

向前摺下

依箭頭方向摺進裡面

向後摺

打開摺好

向上摺

前一面向下摺

向後摺

臉部完成

向中摺後，再向外摺

翻面

兩者相黏
即完成

● 身體摺法

翻面

向上摺

向內摺

向下摺

正面

背面

向中摺

向上往裡摺

● 手部摺法

向內摺

向中摺
翻面

向內摺

向下對摺

完成

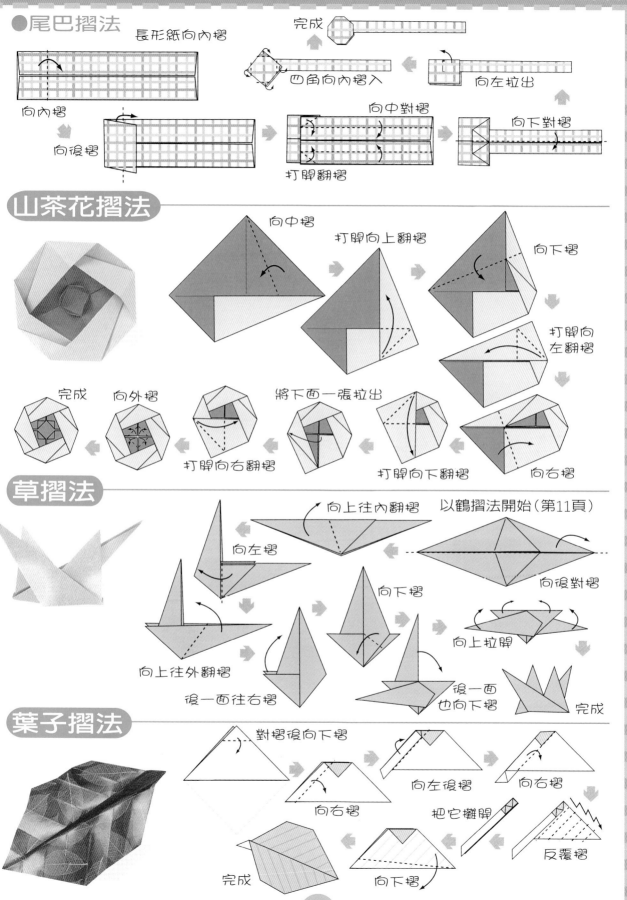

●尾巴摺法

長形紙向內摺

完成

向內摺

向後摺

四角向內摺入

向左拉出

向中對摺

打開翻摺

向下對摺

山茶花摺法

向中摺

打開向上翻摺

向下摺

打開向左翻摺

完成

向外摺

打開向右翻摺

將下面一張拉出

打開向下翻摺

向右摺

草摺法

向上往內翻摺

以鶴摺法開始（第11頁）

向左摺

向後對摺

向上拉開

向上往外翻摺

向下摺

後一面往右摺

後一面也向下摺

完成

葉子摺法

對摺後向下摺

向右摺

向左復摺

向右摺

把它攤開

反覆摺

完成

向下摺

摺紙的教具

快 樂 節

常看書，常聽寫，
生活常識樣樣行。

動動手，動動腦，
多看多聽多學習。

聖誕派對
Merry X'nas

燈塔/	葉子/	聖誕老
向日葵/	百合花/	人/
雲/	鬱金香/	繡球花/
雪人/	鈴鐺/	雨滴/
房子/	蠟燭/	雨傘/
小狗/	玫瑰花/	
平房/	聖誕紅/	

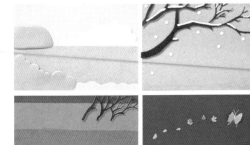

將壁面分為四個季節來表現，春天的背景以粉色來營造春天"新生"的感覺；夏天的背景以對比的顏色來營造；秋天的背景色彩則較低彩度，加上枯枝則加深秋意；冬天的背景以下雪來表現。一個表現分明的背景，不加上主角就可以是一個很棒的佈置。

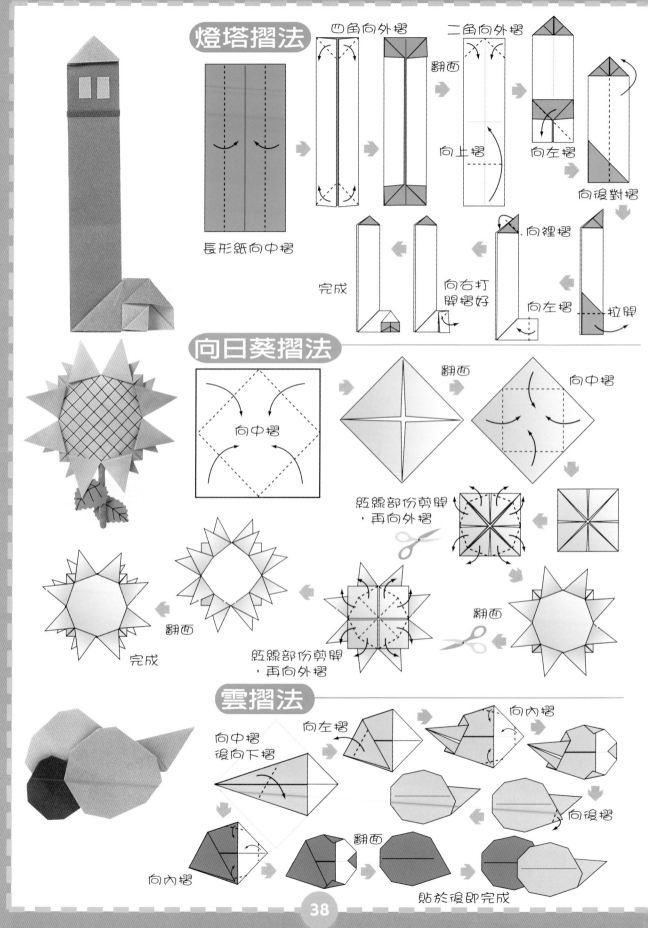

燈塔摺法

四角向外摺

二角向外摺

翻面

向上摺

向左摺

向後對摺

長形紙向中摺

完成

向右打
開摺好

向裡摺

向左摺 · 拉開

向日葵摺法

向中摺

翻面

向中摺

紅線部份剪開
，再向外摺

翻面

翻面

完成

紅線部份剪開
，再向外摺

雲摺法

向中摺
後向下摺

向左摺

向內摺

向後摺

向內摺

翻面

貼於後即完成

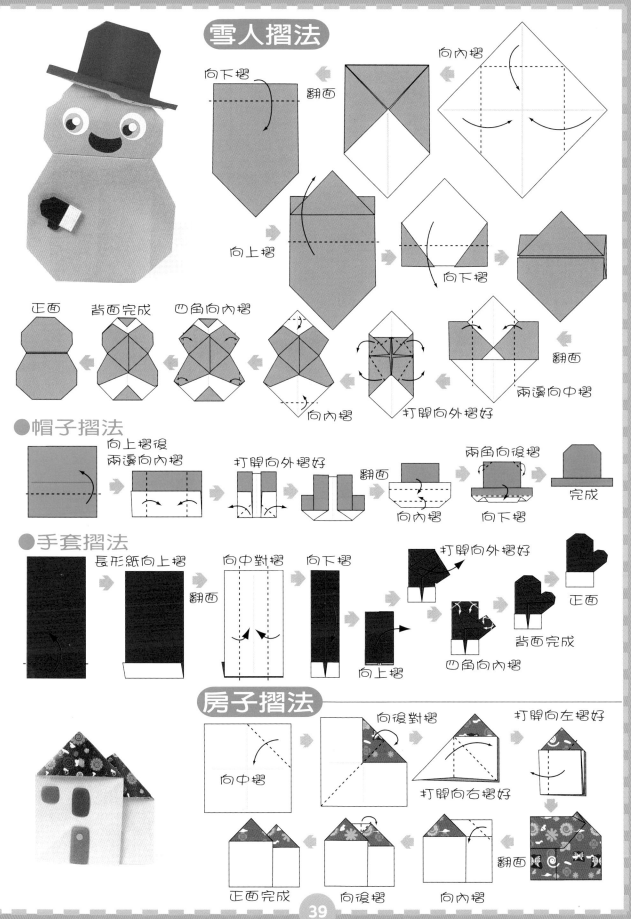

雪人摺法

向下摺　翻面　向內摺

向上摺　向下摺

正面　背面完成　四角向內摺　向內摺　打開向外摺好　翻面　兩邊向中摺

● 帽子摺法

向上摺後 兩邊向內摺　打開向外摺好　翻面　兩角向後摺　完成

向內摺　向下摺

● 手套摺法

長形紙向上摺　向中對摺 翻面　向下摺　打開向外摺好　正面

向上摺　四角向內摺　背面完成

房子摺法

向中摺　向後對摺　打開向左摺好　打開向右摺好

翻面

正面完成　向後摺　向內摺

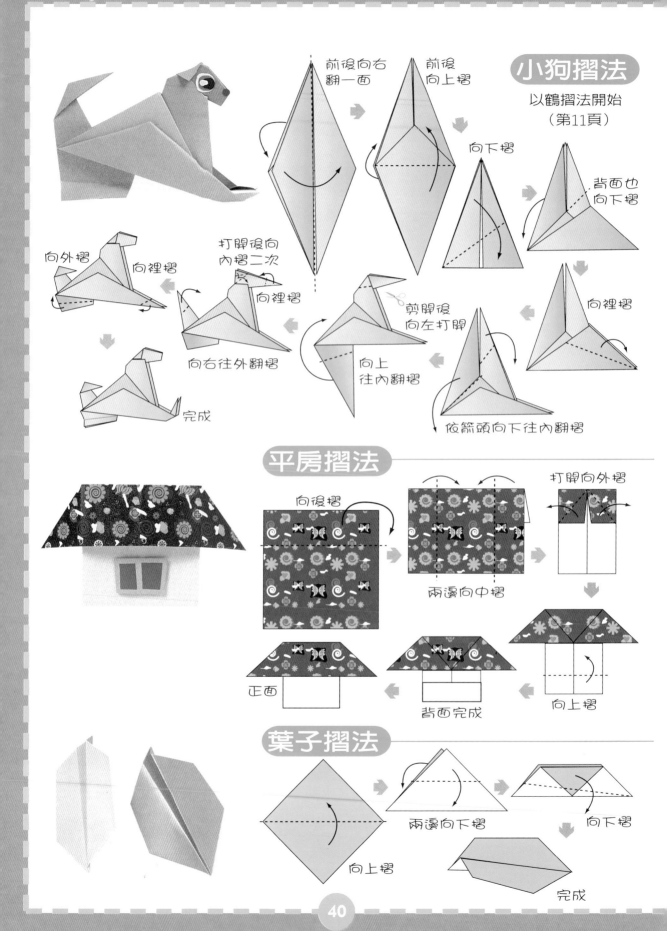

小狗摺法

以鶴摺法開始
（第11頁）

前後向右翻一面

前後向上摺

向下摺

背面也向下摺

向裡摺

依箭頭向下往內翻摺

剪開後向左打開

向上往內翻摺

打開後向內摺二次

向裡摺

向外摺

向裡摺

向右往外翻摺

完成

平房摺法

向後摺

兩邊向中摺

打開向外摺

向上摺

背面完成

正面

葉子摺法

向上摺

兩邊向下摺

向下摺

完成

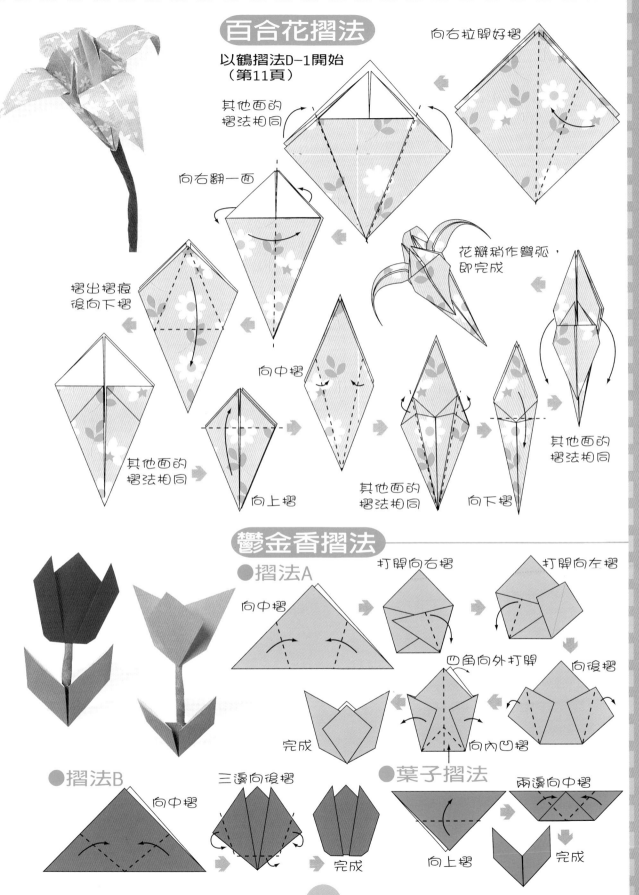

百合花摺法

以鶴摺法D-1開始（第11頁）

向右拉開好摺

其他面的摺法相同

向右翻一面

花瓣稍作彎弧，即完成

摺出摺痕後向下摺

向中摺

其他面的摺法相同

其他面的摺法相同

向上摺

其他面的摺法相同

向下摺

其他面的摺法相同

鬱金香摺法

●摺法A

向中摺

打開向右摺

打開向左摺

四角向外打開

向後摺

完成

向內凹摺

●摺法B

向中摺

三邊向後摺

完成

●葉子摺法

兩邊向中摺

向上摺

完成

直立牌

　　利用聖誕節的物件來表現冬天是很貼切的：聖誕樹可利用泡棉膠或珍珠板來墊高，再將鈴鐺和蠟燭貼上即完成。

鈴鐺摺法

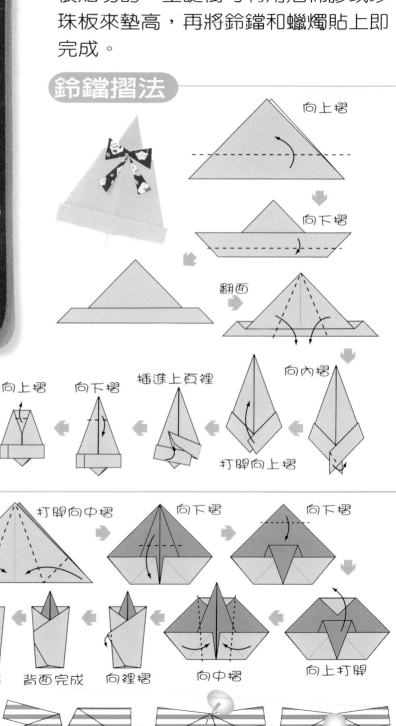

向上摺

向下摺

翻面

向內摺

打開向上摺

插進上頁裡

向下摺

向上摺

背面完成

正面

蠟燭摺法

打開向中摺

向下摺

向下摺

向上打開

向中摺

向裡摺

背面完成

正面

●緞帶摺法

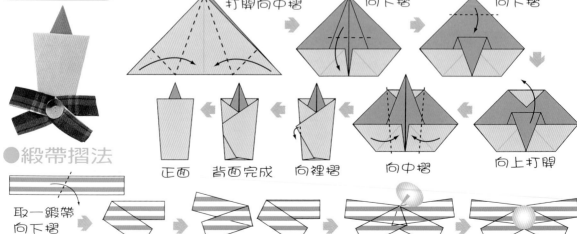

取一緞帶
向下摺

另一端摺法相同

相交後以圖釘釘在一起即完成。

直立牌

以玫瑰花作花邊，底紙作一點小變化，營造季節的氣氛；以兩種玫瑰花排列，摻雜著綠葉，就像一個小小玫瑰園。

玫瑰花摺法A

摺出摺痕

兩邊向中摺

上下向中摺

打開向外摺

打開向外摺

四角打開向中摺

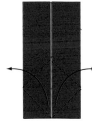

四角向後摺

四角向外摺二次

剪開黃線部份並向外摺

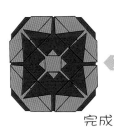

完成　　四角向外摺

玫瑰花摺法B

四角向內摺，翻面

四角向內摺

四角向內摺

放在另一色紙上
四角向內摺

四角向外摺

四角向後摺

剪開藍線部份並向外摺

四角向內摺

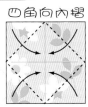

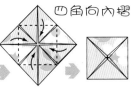

四角向外摺

翻面

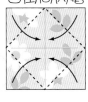

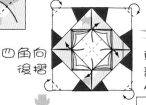

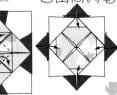

剪開藍線部份並向外摺二次

完成

指示牌

以聖誕老公公和聖誕紅來表現指示牌，指示牌上可標示"聖誕派對"、"道具間"、"入口處→"等，帶有活動表演的氣氛。

聖誕紅摺法

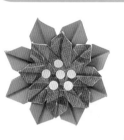

 向中摺

打開向兩邊摺

向外摺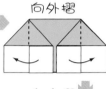

向下摺

 向上摺

 向右摺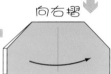

完成一葉子基本形

另一葉子插入縫中

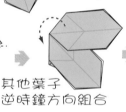

向下摺並貼牢

其他葉子逆時鐘方向組合

紅色部份摺法相同綠色貼於紅色下

完成

聖誕老人摺法

向後摺

兩邊向外摺

兩邊向中摺

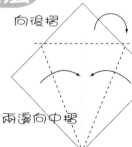

翻面

向後摺

完成

向後摺

兩邊向後摺

向下摺

向下摺

向上摺

窗戶裝飾

以繡球花和小雨滴來作為窗戶的裝飾，猶如夏天的景象。繡球花以漸層紙來製作，藍色的漸層就像雨滴落在花朵上暈了開來，帶有夏天午后的灑脫。

繡球花摺法

以鶴摺法D-1開始
（第11頁）

向中摺　向後往中摺　向後摺

沿虛線剪開二頁向右摺

向下摺

完成

雨滴摺法

向中摺　翻面　插入　向上摺

三角向後摺　完成　翻面　向中摺

雨傘摺法

向中摺　打開摺向12　上頁向裡摺

向中摺　翻面

向內摺

向後摺　向上摺　完成　背面完成　依箭頭方向摺

摺紙的教具

精 靈
與 我

公佈欄

友愛同學

啟發孩子們的創意空間，
輕鬆快樂的學習成長。

創造一個優質的學習環境，
培養頂尖的智慧人才。

小精靈/	柿子/	火車/
小天使/	天使/	南瓜/
星星/	蘋果/	銀杏/
龍膽草/	天使/	
菖蒲/	小人物/	

壁面以夜空為背景，小朋友們和精靈為主題，每個造型都各有景趣；單純的構圖和豐富的顏色讓教室充滿了童話幻想的樂趣。此單元中另有直立牌、標語牌、公佈欄、窗戶裝飾，皆以小精靈為主的設計，好不熱鬧。

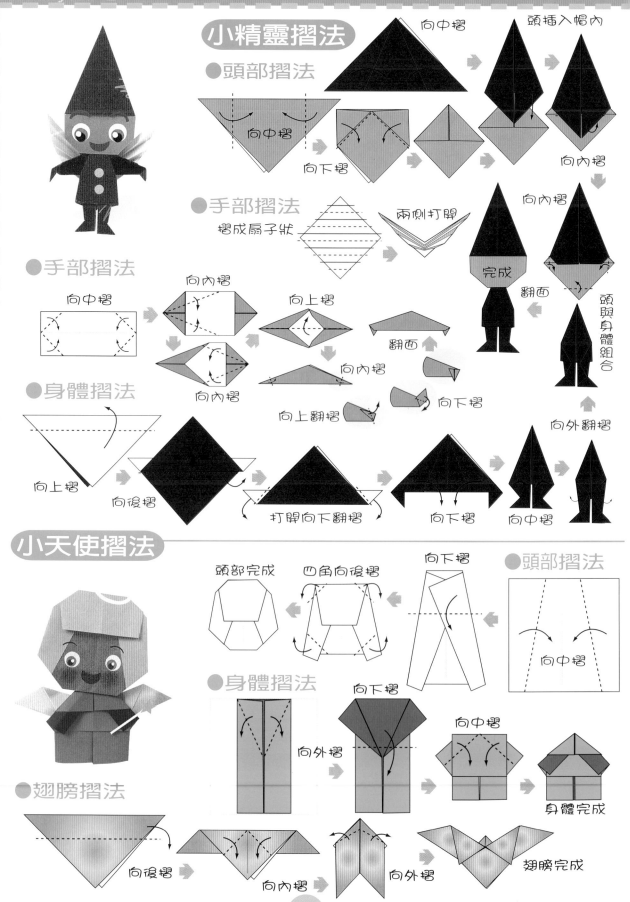

小精靈摺法

●頭部摺法

向中摺　頭插入帽內

向中摺

向下摺　向內摺

●手部摺法

摺成扇子狀　兩側打開

向內摺

完成　翻面　頭與身體組合

●手部摺法

向中摺　向內摺　向上摺

翻面

向內摺　向內摺

向上翻摺　向下摺

●身體摺法

向上摺　向後摺　打開向下翻摺　向下摺　向中摺　向外翻摺

小天使摺法

頭部完成　四角向後摺　向下摺　●頭部摺法

向中摺

●身體摺法

向下摺

向外摺　向中摺

身體完成

●翅膀摺法

向後摺　向內摺　向外摺　翅膀完成

手部摺法同P48小精靈

頭部摺法

●A

向下摺二次

向內摺

翻面

向上摺

向上摺

向上摺

向裡摺入

向內摺

翻面

完成

●B

上二角
向內摺

下二角
向後摺

向下摺

兩邊
向後摺

完成

手部摺法

向後摺

向上拉

三角向內摺

完成

長形紙向中摺

翻面

先向右摺再向左摺

衣服摺法

●無袖

向上摺

向下摺

翻面

向內摺

向下摺

二角向內摺

完成

●有袖

向外摺

向上摺

向下摺

翻面

四角向內摺

二角向內摺

完成

短褲摺法

向中摺

向後摺

向上翻摺

前後向右翻一面

向下摺

正被面皆
向右摺入

完成

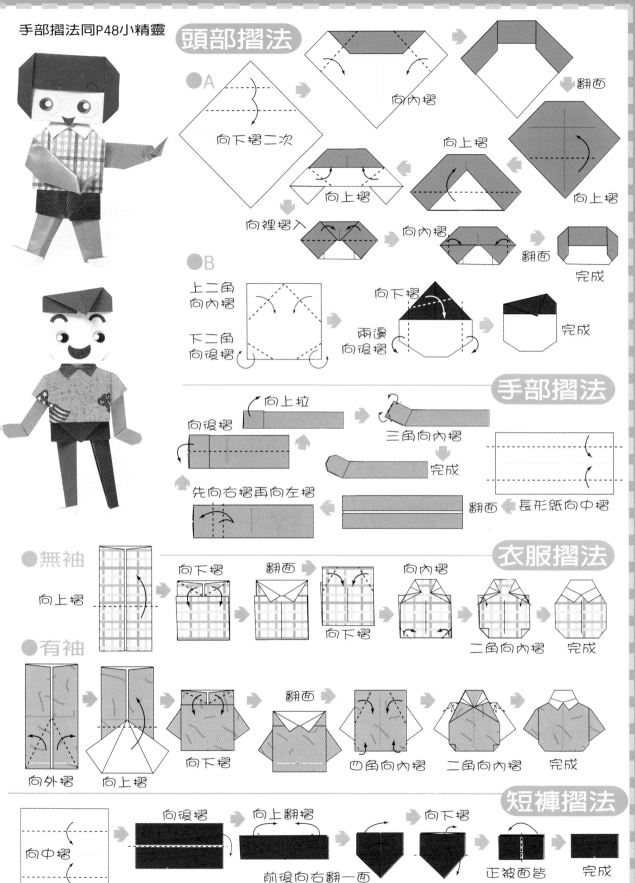

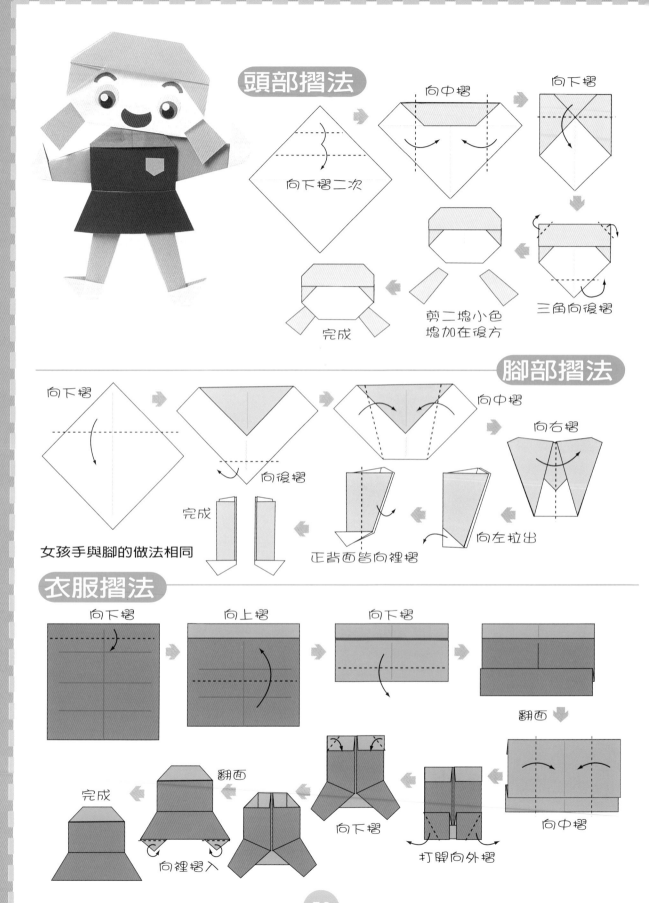

頭部摺法

向中摺

向下摺

向下摺二次

三角向後摺

剪二塊小色塊加在後方

完成

腳部摺法

向下摺

向中摺

向右摺

向後摺

向左拉出

完成

正背面皆向裡摺

女孩手與腳的做法相同

衣服摺法

向下摺

向上摺

向下摺

翻面

向中摺

翻面

向下摺

打開向外摺

完成

向裡摺入

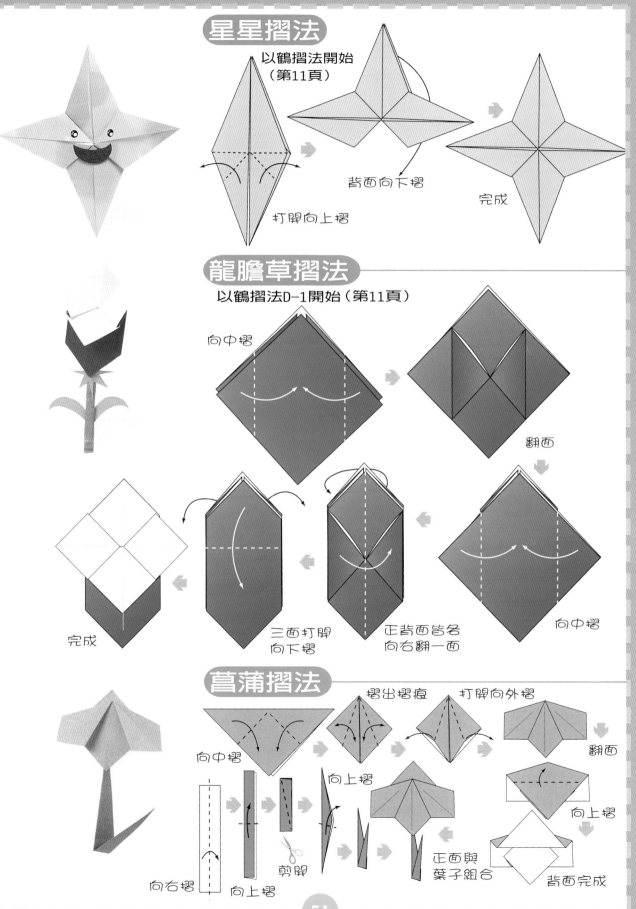

星星摺法

以鶴摺法開始
（第11頁）

打開向上摺

背面向下摺

完成

龍膽草摺法

以鶴摺法D-1開始（第11頁）

向中摺

翻面

完成

三面打開
向下摺

正背面皆各
向右翻一面

向中摺

菖蒲摺法

摺出摺痕　　打開向外摺

翻面

向中摺

向右摺　　向上摺

剪開

向上摺

正面與
葉子組合

向上摺

背面完成

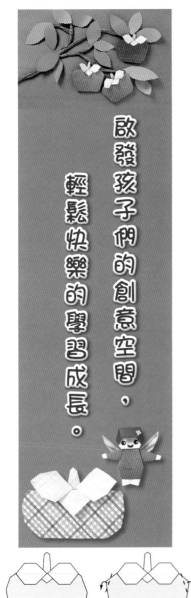

啟發孩子們的創意空間，

輕鬆快樂的學習成長。

直立牌

利用包裝紙的美麗花紋來製作摺紙，在柿子果實上表現出另一種獨特風味，我們還可以利用不同花紋的包裝紙來營造出歐式、日式、中式的風格。小精靈則以小朋友加上羽翼即完成。

柿子摺法　以鶴摺法D-1開始（第11頁）

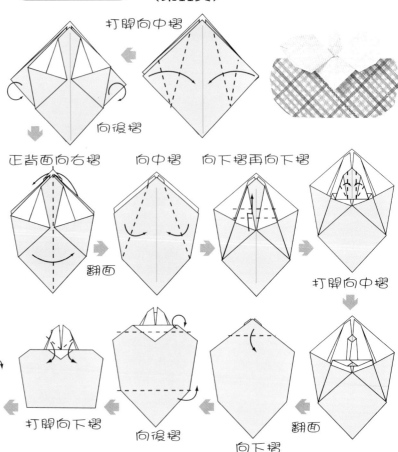

打開向中摺

向後摺

正背面向右摺　向中摺　向下摺再向下摺

翻面

打開向中摺

翻面

向下摺

向後摺

打開向下摺

四角向後摺

完成

天使摺法　●頭部摺法

向中摺　向下摺　向後摺　完成

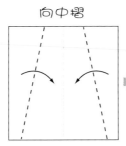

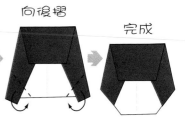

身體摺法與獅子P34相同
羽毛摺法與精靈P48相同

直立牌

樹枝部份先以泡棉膠在底板上黏出樹枝造型後再黏上紙藤,製作過程簡單不廢時;蘋果亦以不織布彩色包裝紙來摺出,有中國風格的直立牌可以簡單完成!!

蘋果摺法

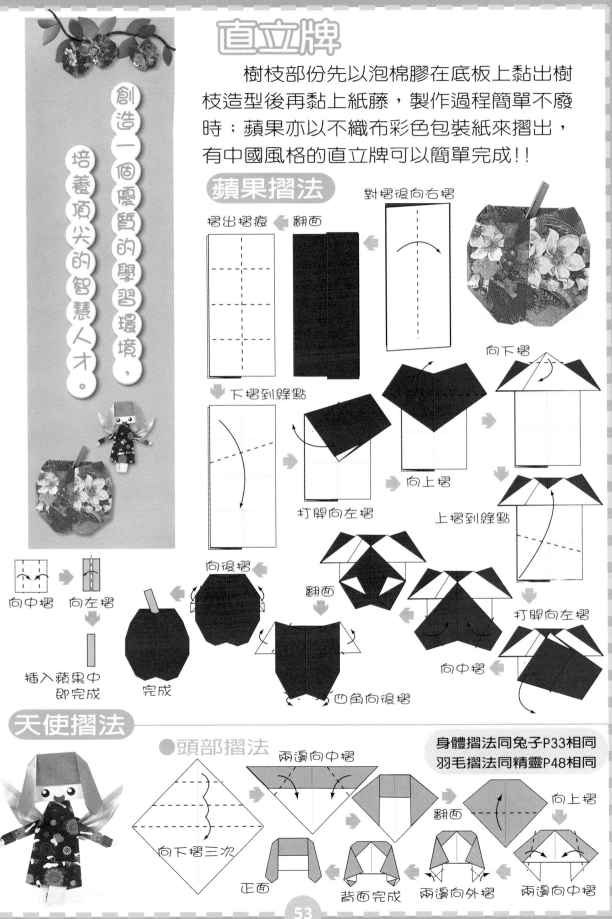

摺出摺痕
翻面
對摺後向右摺

下摺到綠點
打開向左摺
向上摺
向下摺
上摺到綠點
打開向左摺
向中摺
四角向後摺
翻面
向後摺
完成

向中摺
向左摺
插入蘋果中即完成

天使摺法

●頭部摺法

身體摺法同兔子P33相同
羽毛摺法同精靈P48相同

向下摺三次
兩邊向中摺
翻面
向上摺
兩邊向中摺
兩邊向外摺
背面完成
正面

公佈欄

簡單的公佈欄重點放在熱汽球上的小精靈，不須太多步驟即可輕鬆地完成。

房子摺法同P39房子
樹木摺法同P24樹木

小人物摺法　摺法同P48精靈

向內摺　背面

背面完成

窗戶裝飾

小火車適合裝飾於窗戶玻璃面上，讓單調的窗戶上多了可愛的畫面，學習環境更有趣味。

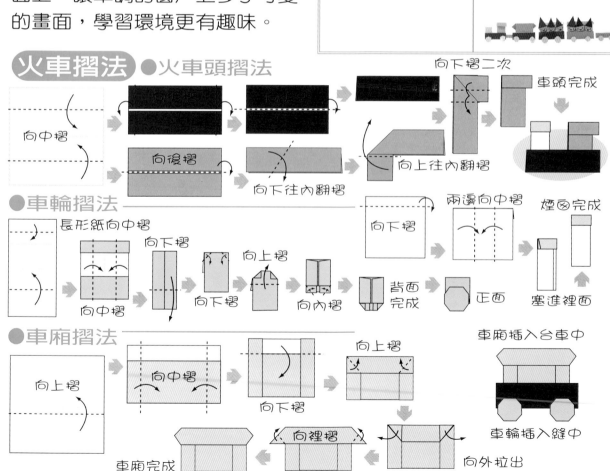

火車摺法　●火車頭摺法

向中摺

向後摺

向下往內翻摺

向下摺二次

向上往內翻摺

車頭完成

●車輪摺法

長形紙向中摺

向下摺

向中摺

向下摺

向上摺

向內摺

背面完成

正面

向下摺

兩邊向中摺

煙囪完成

塞進裡面

●車廂摺法

向上摺

向中摺

向下摺

向上摺

車廂插入台車中

車輪插入縫中

向裡摺

向外拉出

車廂完成

標語牌

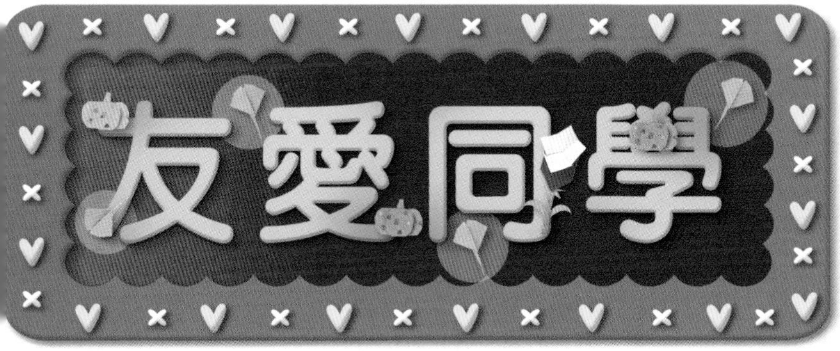
友愛同學

字體以電腦列印出後，以色紙剪下再貼墊於紙牌上；摺紙作品以泡棉膠黏貼，完成一幅美麗又簡單的標語牌。

南瓜摺法

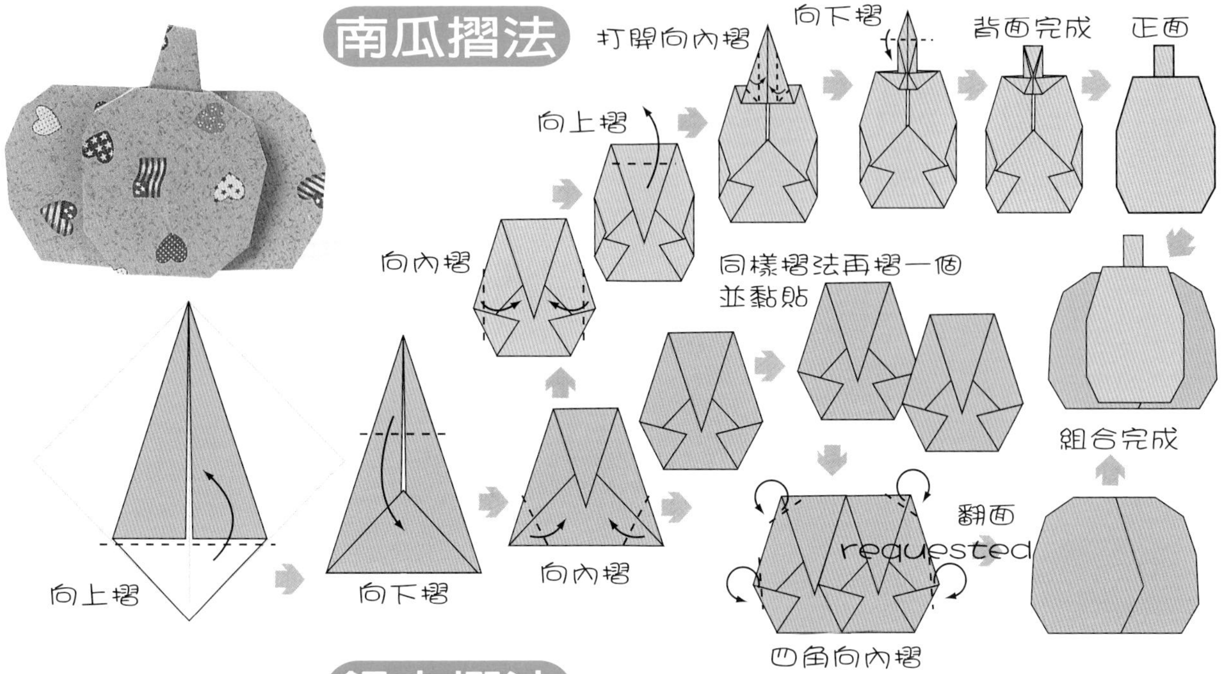
打開向內摺
向下摺
背面完成
正面
向上摺
向內摺
同樣摺法再摺一個
並黏貼
組合完成
翻面
向上摺
向下摺
向內摺
四角向內摺

銀杏摺法

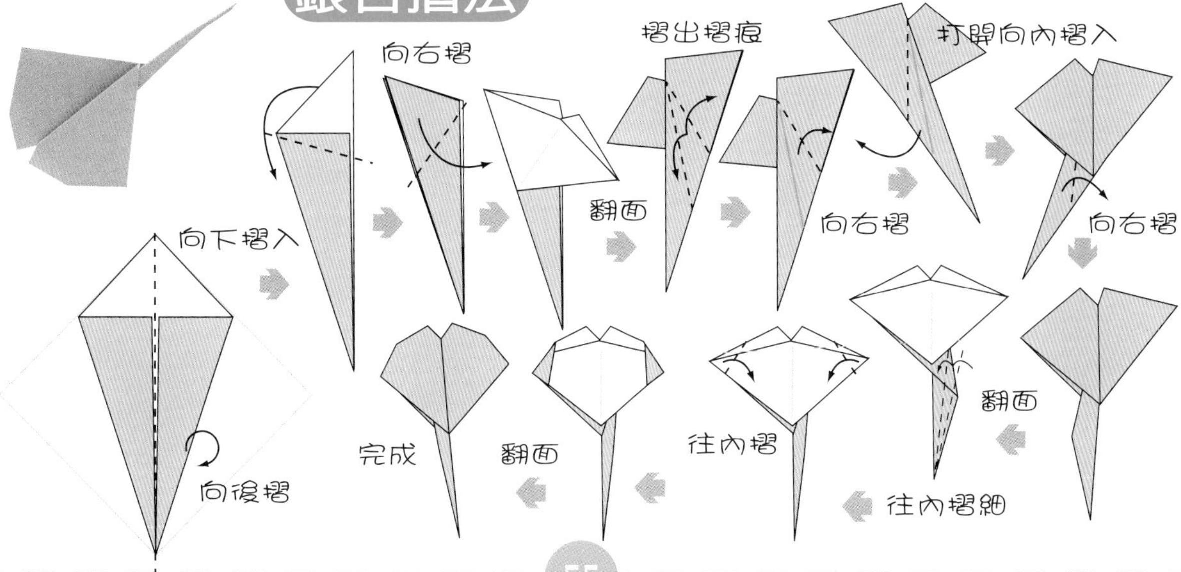
向右摺
摺出摺痕
打開向內摺入
翻面
向右摺
向右摺
向下摺入
向後摺
完成
翻面
往內摺
翻面
往內摺細

立體摺紙的教具

關於立體摺紙

立體摺紙是由面的折合，

進而立摺成柱、錐的變化，

加上延伸的組合和造型設計，

可以製作出各種半立體、立體的作品；

它是由許多簡單的技法來完成，

看似複雜的作品，

在細心與耐心的結合之下，

也可以輕鬆製作。

我們可以將它們作為教具，

利用在佈置，舞台劇場，紙偶說故事，

都是很生動精采的創作。

在此單元的入門，

我們介紹了四種最基本的技法表現，

再由簡入深的為讀者示範，

可藉由每個線稿來摺出作品，

多加練習後，

您也可以創作出屬於您的可愛教具，

照著做，輕鬆做，

現在就一起進入這個奇妙的立體世界吧!!

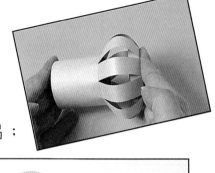

一步一腳印，腳踏實地作好事。

立體摺紙的教具

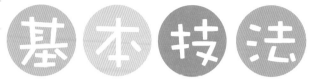

1.面的表現

　　最單純的面的表現，包括紙雕、折合、捲曲，再藉由黏合的動作即成為半體立作品，技法單純簡易；圓錐面的製作適於頭部、花朵等主體較屬圓形的大塊面積；半立面的接合會產生凸起的效果，製造出圓弧的半立體，此種表現方法是使用最廣泛的技法。

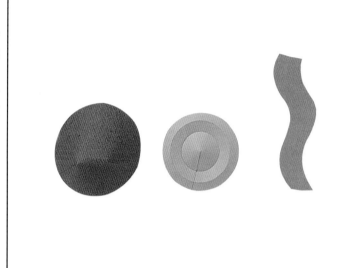

2.立摺的表現

　　將紙張對折後，可讓紙張站立起來，就像卡片製作一樣，當我們將紙張延伸作變化時，更可衍生出多種造型：包括圓折、對折、面折三種，作品可立體站於台面上也不會傾倒。

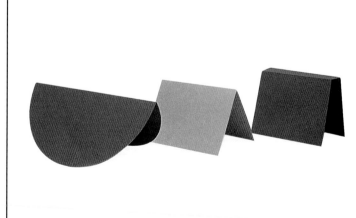

3.柱形的表現

　　我們可將其分為幾何形、圓形、半圓形；圓柱容易發揮，直立或橫放都可以做出簡單造型的動物；將嘴巴割出、預留出手、腳或翅膀，都會讓作品更為具象有趣。

4.錐形的表現

　　錐形和柱形的製作大略相同，錐柱上尖下寬，也適合製作帽子、鳥嘴等尖形物。若將圓柱、錐形加以組合應用更可變化出有趣的造形。

立體摺紙的教具

森 林 動 物

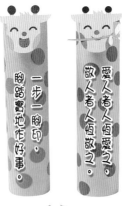

一步一腳印，
腳踏實地作好事。

愛人者人恆愛之，
敬人者人恆敬之。

直立牌1
直立牌2
門口設計
公佈欄
橫條設計
壁面設計

背景的製作運用了珍珠板和保麗龍來墊高，豐富的色彩組合成的背景即可以當成教室佈置；加上動物後，讓畫面具有故事性，形成一幅生動的壁面設計，而各個動物都是很有趣的大型教具。

熊

公熊與母熊的頭部以圓錐面和半立面（鼻子）組合，公熊的身體以對折的技法加上腳部的彎曲，成為

繾臥的造型；母熊則以面折來表現正面站立的姿態；鼻子與臉部可利用泡棉膠來組合。

▲公、母熊臉部
基本形

▲母熊身體
基本形

▲公熊身體
基本形

● 線稿部份（可依比例影印放大）

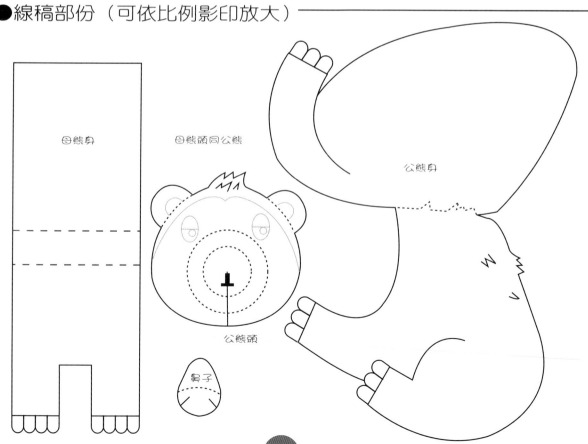

母熊身

母熊頭同公熊

公熊身

公熊頭

鼻子

蝌蚪利用半立面來製作,依線稿黏合後,邊緣多出的部份要以剪刀修剪。

▲基本形　　　　▲側面

魚類造型可利用橫放的圓柱來表現,先割去嘴形、預留出尾巴部份、割出魚鰭部份即可;魚鰭部份可作翻折花紋,增加美感。

▲基本形

蛇和魚的作法大致相同。

▲基本形

●線稿部份（可依比例影印放大）

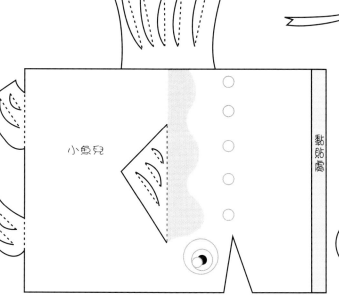

小魚兒

黏貼處

蝌蚪

蛇

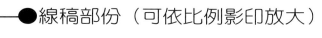

黏貼處

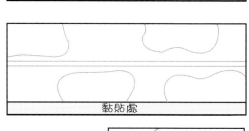

黏貼處

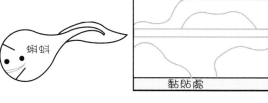

黏貼處

斑馬以三角柱和半圓柱完成,先加上紋路再摺合;眼睛部份以筆作彎弧,表現出眼皮的感覺。頭部與身體(頸部)的角度可自行調整再黏接。

以對折的技法作為基礎造型,頭部加上內折,讓它加強動物本身的特色,有多層次的效果。

▲基本形

▲基本形

●脖子向內摺,可伸縮。

━━━━━━━━━━━●線稿部份(可依比例影印放大)

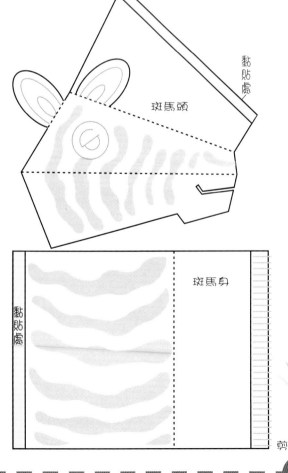

黏貼處

斑馬頭

黏貼處

斑馬身

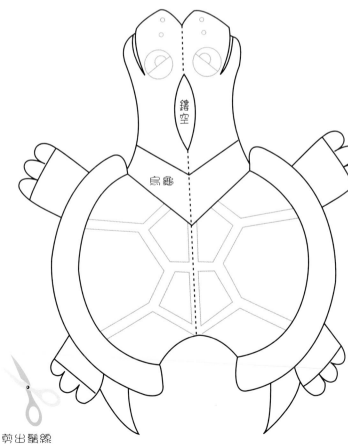

鏤空

烏龜

剪出鬚線

老鼠

頭部與身體皆以錐柱形來表現，開口約90°，黏合後再黏上圓形部份，挑出腳的部份，以手的部份作彎曲的技法，嘴的部份則由內貼上；樹葉以筆桿作彎曲波浪狀。

▲基本形

▲頭部側面

▲身體側面

●線稿部份（可依比例影印放大）

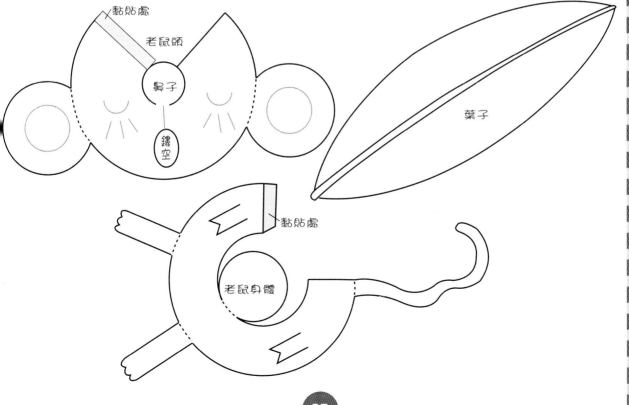

黏貼處

老鼠頭

鼻子

鏤空

葉子

黏貼處

老鼠身體

長頸鹿以半圓作架構，頭部由平的一面延長並折向前方。直立牌以半圓柱來表現，平貼於教室牆上，半圓柱面上可貼上標語，在教室內呈現出特別的景象。

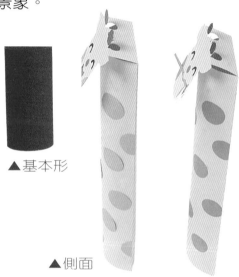

▲基本形

▲側面

一步一腳印，腳踏實地作好事。

愛人者人恆愛之，敬人者人恆敬之。

●線稿部份（可依比例影印放大）

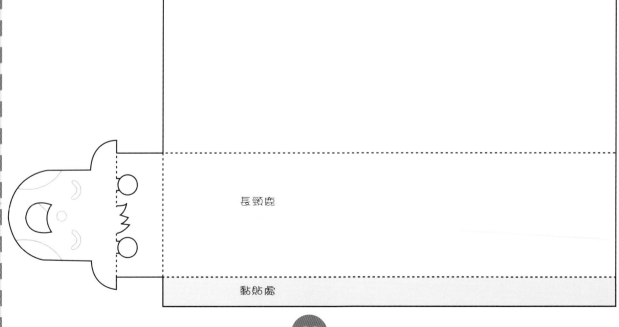

長頸鹿

黏貼處

我的異想世界

牛的造型以面折來表現,頭部折出層次感後,整體更顯立體;製作折線時可以利用刀背輕劃,折出的摺線會較工整漂亮。

●將牛置於草的後方,頭部拉出至草的前方。

▲基本形

▲側面

●線稿部份(可依比例影印放大)

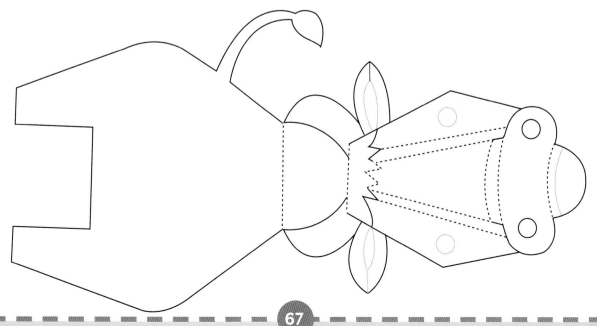

門口設計

樹木本身為兩塊樹葉墊隔開，插入圓錐狀的樹幹完成。松鼠則由圓錐與錐形柱製作，手的部份則以圓柱形來製作。樹與松鼠的黏合可利用泡棉膠或保麗龍塊。

▲基本形

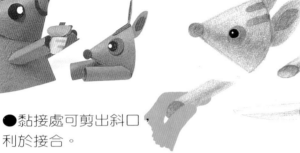

●黏接處可剪出斜口利於接合。

●線稿部份（可依比例影印放大）

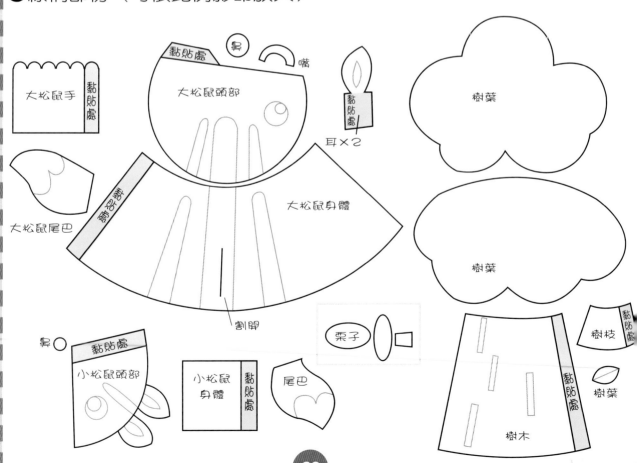

黏貼處
鼻
嘴
大松鼠手
黏貼處
大松鼠頭部
黏貼處
耳×2
大松鼠尾巴
黏貼處
大松鼠身體
樹葉
割眼
樹葉
鼻
黏貼處
栗子
樹枝
黏貼處
小松鼠頭部
小松鼠身體
黏貼處
尾巴
樹葉
樹木

以橫放的三角柱形，設計出坐在荷葉上的小青蛙；跳躍青蛙以紙的彎弧來製作，頭部向上摺即完成。可將它置於講桌上、書櫃、電腦上，成為普通空間上的橫條裝飾。

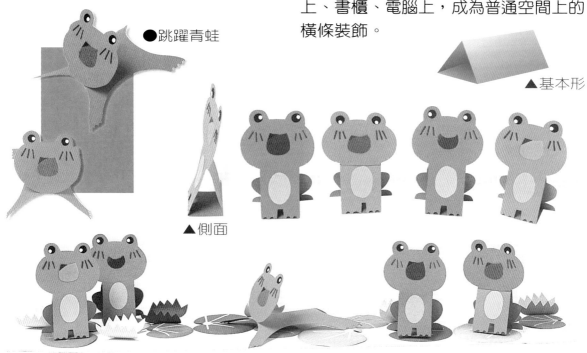

●跳躍青蛙

▲基本形

▲側面

●線稿部份（可依比例影印放大）

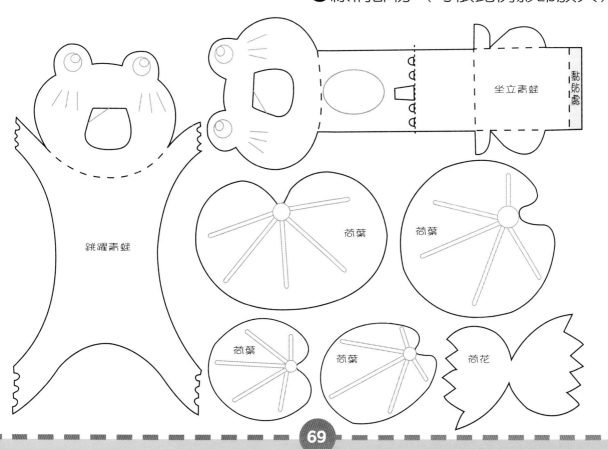

坐立青蛙

黏貼處

跳躍青蛙

荷葉

荷葉

荷葉

荷葉

荷花

立體摺紙的教具

美麗鳥兒

注重自我環境與衛生習慣，做一個人見人愛的好學生。

兒童天地

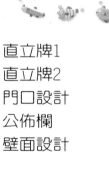

早睡早起身體好，健康精神頭腦好。

直立牌1
直立牌2
門口設計
公佈欄
壁面設計

壁面背景以珍珠板墊高，樹幹部份以圓形柱、錐形柱來表現，鳥類以多種表現技法來製作，包括貓頭鷹、鵜鶘、鴨子、孔雀、麻雀、烏鴉、小野鷹等，其他尚有公雞、雉、企鵝等鳥類搭配教具製作。

此為對稱的圓錐面體，利用多張色紙挑出捲曲，可製作多炫麗的孔雀屏，在黏色紙時須避開挑出部份，而身體與屏的作法則以對折製作。

1 將二張色紙以噴膠相黏。表現出正反雙色的效果。

2 再取一藍色紙黏於背面，三角部份不上膠。

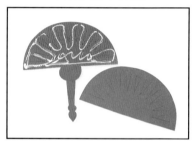

3 三角部份挑出，並以圓桿彎捲。

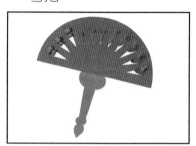

● 線稿部份（可依比例影印放大）

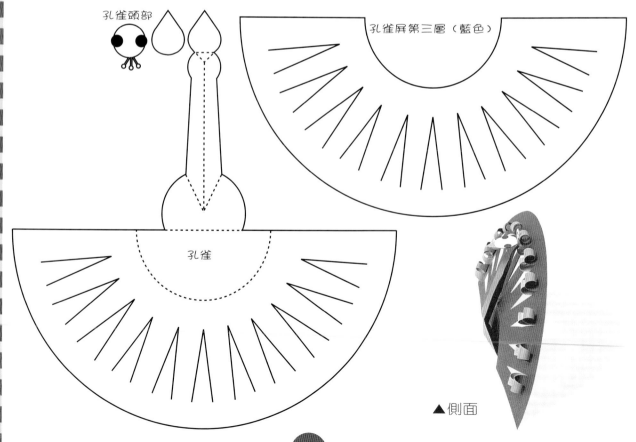

孔雀頭部

孔雀屏第三層（藍色）

孔雀

▲ 側面

以半立面與圓柱形來表現。半立面主要表現於頭部與翅膀，作法較簡單；而另一圓柱形以橫放來表現，割出頭形、翅膀並預留出尾巴，鳥嘴則在頭形割出後再貼上。

▲基本形

▲側面

▲側面

▲背面

● 線稿部份 （可依比例影印放大）

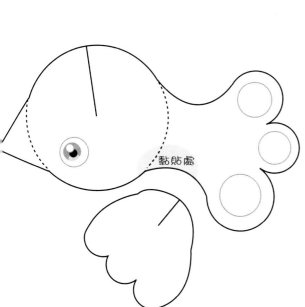

黏貼處

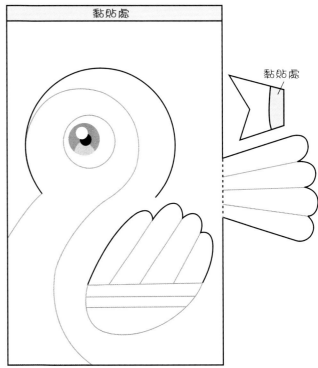

黏貼處

黏貼處

以四邊形來製作，留出尾巴（背面）、足（正面），在側邊割出翅膀，胸前作挑起的變化，營造出羽毛的感覺。

烏鴉以圓錐形和錐柱來表現，鳥的腳可以利用紙捲來製作，翅膀也可以利用泡棉膠來黏貼。

▲ 基本形

▲ 基本形

▲ 背面　　▲ 側面

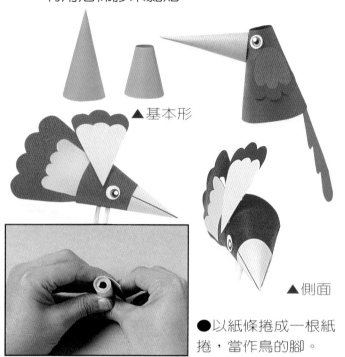

▲ 側面

●以紙條捲成一根紙捲，當作鳥的腳。

●線稿部份
（可依比例影印放大）

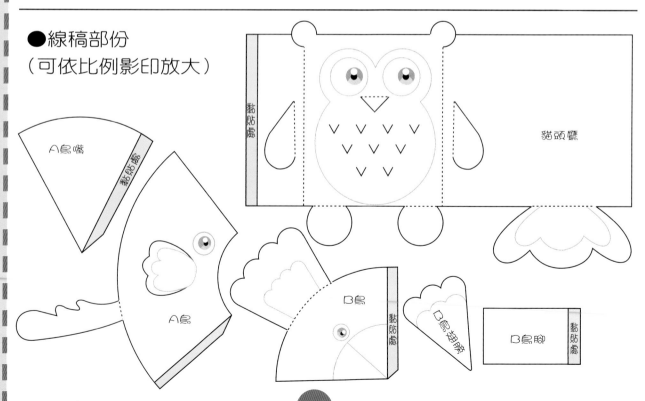

貓頭鷹

A鳥嘴

黏貼處

A鳥

B鳥

黏貼處

B鳥翅膀

B鳥腳

黏貼處

 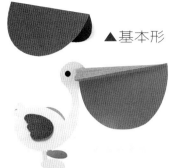

▲基本形

以對折的摺法製作，選擇較厚的紙卡來製作身體可使其站立，再將二部份黏合即可。

●以較薄的紙來製作嘴部，細圓桿彎出圓弧狀，再將兩邊對摺。

以圓柱形來製作，割出嘴和翅膀部份並挑起，翅膀上再作一些變化即增加它的造型。

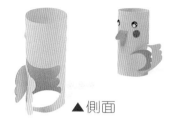

▲基本形　　　　　　　　　　▲側面

以橫放的圓柱來表現，可顯得牠的速度感，雙翅由泡棉膠黏貼，嘴部則用圓錐來組合。

▲基本形

●線稿部份（可依比例影印放大）

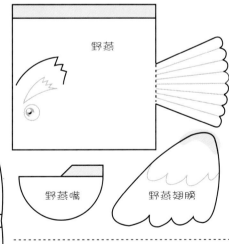

野燕

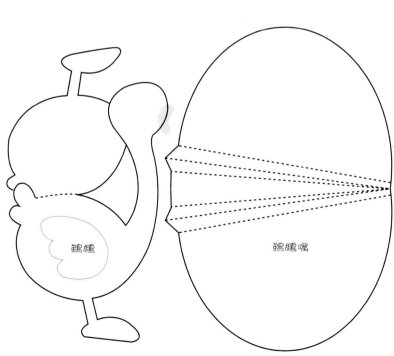

鵜鶘

鵜鶘嘴

野燕嘴　　　　野燕翅膀

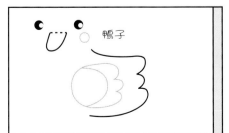

鴨子

公雞以面折來製作，直立牌可利用保麗龍墊四邊，增加其厚度，公雞於腳爪上沾膠黏於直立牌上。

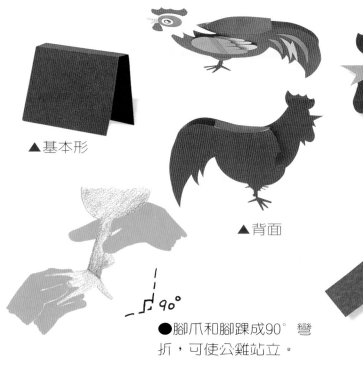

▲基本形

▲背面

●腳爪和腳踝成90° 彎折，可使公雞站立。

●線稿部份 ————
（可依比例影印放大）

公雞

雞冠

頭部

早睡早起身體好，
健康精神頭腦好。

雉以面折來表現，鮮艷的顏色與直立牌的色彩成對比色，讓整體顯得更活潑豐富，在葉子上也可以做一些立體的變化，例如對折技法使其更生動。

▲基本形

▲背面

●線稿部份
（可依比例影印放大）

注重自我環境與衛生習慣，做一個人見人愛的好學生。

雄嘴

雄

公佈攔

利用保麗龍來作底板,來製作冰山:企鵝以三角柱為基本形,割出企鵝的翅膀,留出腳部,並折出企鵝嘴部即可完成。魚類以紙雕完成。

▲基本形　　▲正面　　▲側面

兒童天地

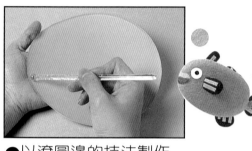

●以滾圓邊的技法製作小魚,使其有立體感。

●線稿部份(可依比例影印放大)

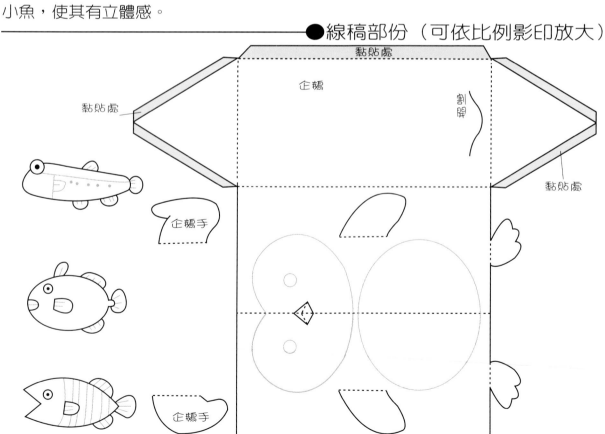

黏貼處

企鵝

割開

黏貼處

黏貼處

企鵝手

企鵝手

門口設計

以多種幾何形的鳥類作出一個門口設計，以圓柱、圓錐形和對折的技法為主體，簡單地挑出嘴和翅膀即完成。

▲基本形

▲基本形

●線稿部份（可依比例影印放大）

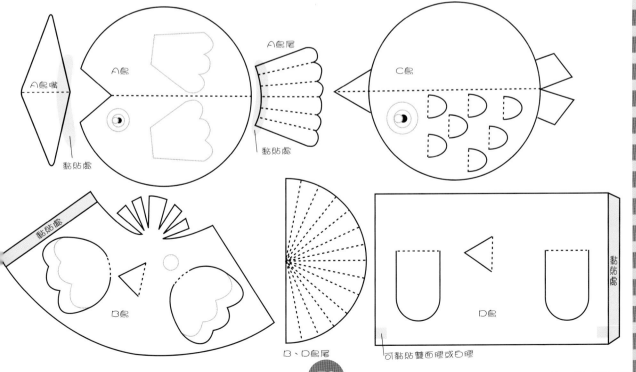

A鳥嘴　A鳥　A鳥尾

黏貼處　黏貼處

C鳥

黏貼處

B鳥

B、D鳥尾　可黏貼雙面瞳或白瞳

D鳥

黏貼處

立體摺紙的教具

童話故事I

勤洗手，遠離病毒

welcome

注重自我環境與衛生習慣，做一個人見人愛的好學生。

兒童天地

直立牌-小飛象
公佈欄-龜兔賽跑
公佈欄-天鵝王子
標語牌-拇指姑娘
門口設計-小木偶
壁面設計-愛麗絲夢遊仙境

以"愛麗絲的夢遊仙境"為主題,故事角色的重點和色彩的營造是很重要的;背景的色彩顛覆了現實生活中的顏色,以夢幻的紫色來營造夢境的感覺,以簡單的圓柱形為基礎,再一一加上裝飾,看似複雜的作品,其實很簡單,您也可以一起來試試看!

瘋帽商

由於瘋帽商的配件較多，所以須要較多的時間和耐心，頭髮部份剪成鬚狀後再貼上圓柱，並以筆桿彎曲使其翹起，再一一往上貼；且重覆同樣的步驟即可完成頭髮了。

▲基本形

▲側面　　▲背面　　▲側面

● 線稿部份（可依比例影印放大）

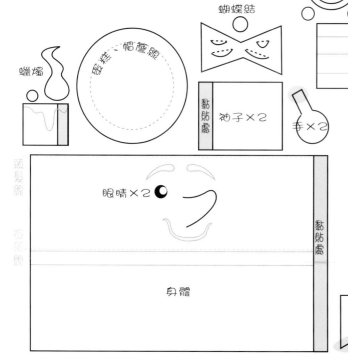

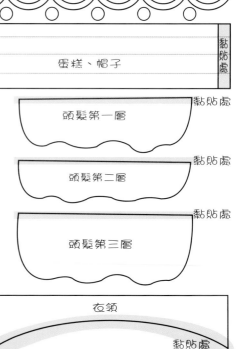

蠟燭

蝴蝶結

蛋糕、帽簷線

黏貼處　袖子×2

手×2

眼睛×2

身體

頭髮線

左衣領線

黏貼處

蛋糕、帽子　黏貼處

頭髮第一層　黏貼處

頭髮第二層　黏貼處

頭髮第三層　黏貼處

衣領

黏貼處

紅心皇后由圓柱為主，衣蓬部份以圓錐形來黏貼而形成蓬狀，利用保麗龍膠來接著較快速便利，效果較好。

▲正面

▲正面

▲背面

▲基本形

●頭髮以圓錐來表現出髮髻造型。

●線稿部份（可依比例影印放大）

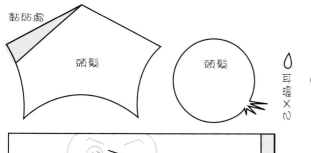

黏貼處

頭髮

頭髮

耳瑻×2

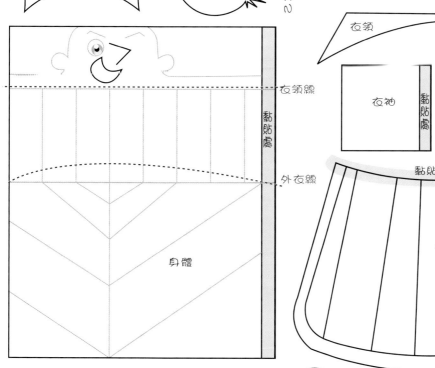

衣領線

黏貼處

外衣線

身體

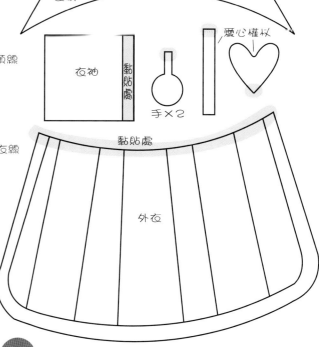

衣領

衣袖

黏貼處

愛心權杖

手×2

黏貼處

外衣

作法和皇后大致相同，唯頭髮部份利用線稿剪出頭髮後，以圓筆桿彎弧後再黏於頭部、衣裙亦以圓錐技法來黏貼，製作出蓬蓬裙擺的感覺。

▲基本形

●頭髮以圓桿彎出弧度，頭頂上割出兩切線，再將髮飾插入即成。

▲背面　　　▲正面　　　▲側面

●線稿部份（可依比例影印放大）

黏貼處

愛麗絲身體

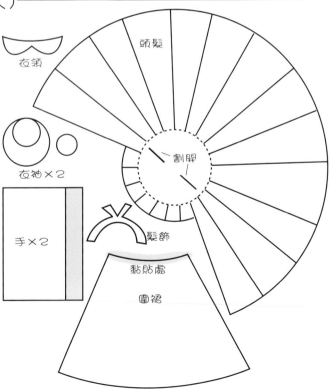

衣領

衣袖×2

手×2

頭髮

割胛

髮飾

黏貼處

圍裙

白兔的圓柱上方可留出白兔的耳朵，衣領以紙彈簧來表現；喇叭以圓錐形來製作，頂部再加一圓錐。

▲基本形

●喇叭與白兔組合時，利用大頭針來固定，完成白兔的動態。

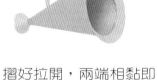

領子做法

1 領子以彈簧做法製作，剪出一長條紙後，於中間部份相疊摺。

2 反覆相疊摺。

3 摺好拉開，兩端相黏即成。

●線稿部份（可依比例影印放大）

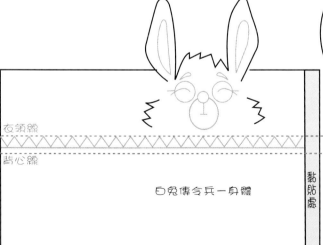

白兔傳令兵—身體

衣領線
背心線
黏貼處

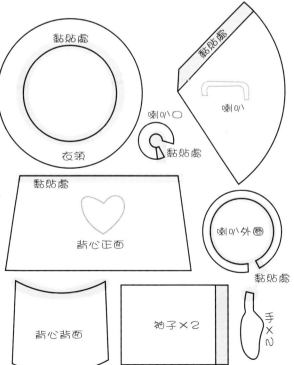

黏貼處
黏貼處
衣領
喇叭
喇叭口
黏貼處
黏貼處
背心正面
喇叭外圈
黏貼處
背心背面
袖子×2
手×2

紅心國王以圓柱形來製作，頭髮的
作法和愛麗絲相同，因其造型較為
簡單也是最快速完成的一個主角。

▲基本形

●頭髮黏上頭部
後以筆桿做出彎
曲，利用泡綿膠
貼層次。

▲側面

▲背面

●線稿部份（可依比例影印放大）

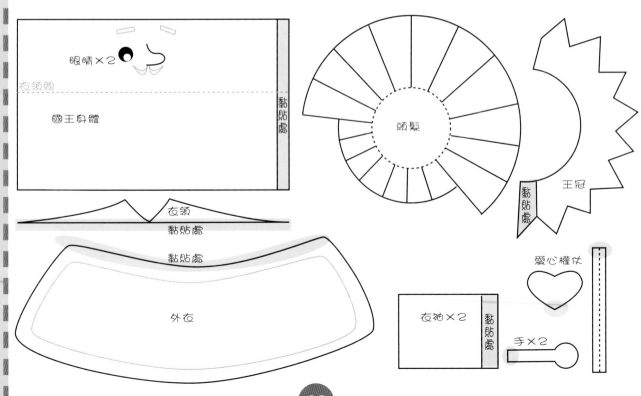

眼睛×2

衣領線

國王身體

黏貼處

頭髮

王冠

黏貼處

衣領
黏貼處

黏貼處

外衣

愛心權仗

衣袖×2

黏貼處

手×2

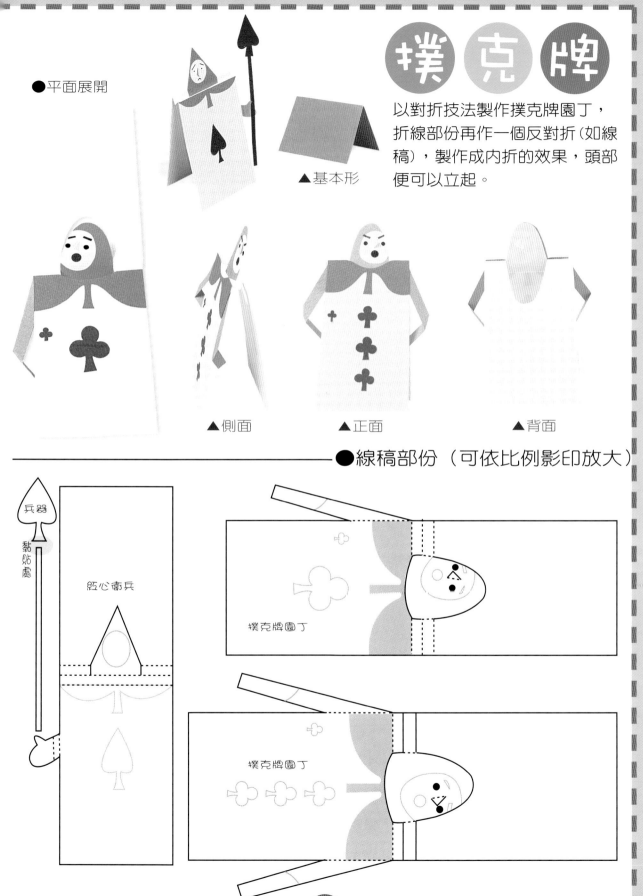

●平面展開

▲基本形

撲克牌

以對折技法製作撲克牌園丁，折線部份再作一個反對折（如線稿），製作成內折的效果，頭部便可以立起。

▲側面　　▲正面　　▲背面

●線稿部份（可依比例影印放大）

兵器

黏貼處

忠心衛兵

撲克牌園丁

撲克牌園丁

小飛象以半圓柱形來延伸,以平的一面延長作出象頭,象鼻加長並彎曲,凸顯其特徵。

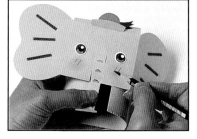

●以粉彩輕畫出腮紅,再以色鉛筆畫出紅線。

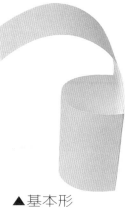

▲ 基本形

▲ 側面

注重自我、環境、與衛生習慣
做一個人見人愛的好學生

●線稿部份 (可依比例影印放大)

點貼處

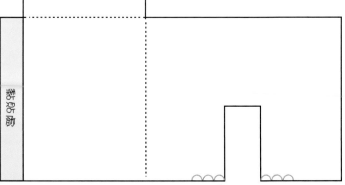

以龜兔賽跑的故事為主題，四邊的框邊以半圓柱形來製作，使其框邊有立體感；兔子亦以半圓柱形來表現，以平的一面延伸作出兔子耳朵。

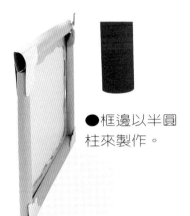

●框邊以半圓柱來製作。

▲基本形

▲側面

眼睛

鼻子

●線稿部份（可依比例影印放大）

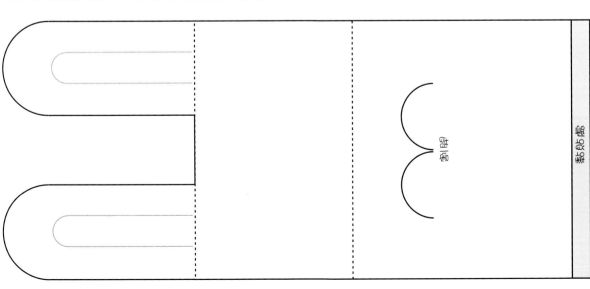

割眼

黏貼處

拇指姑娘標語牌可利用線稿製作，拇指姑娘以圓柱形為基本，帽子以圓錐形來表現，衣服則以包裝紙來增加色彩的多樣和衣服質感。

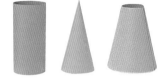

▲ 基本形

● 花瓣袖貼於身體表面後，再貼上手。

▲ 正面　　　▲ 側面　　　▲ 背面

● 線稿部份（可依比例影印放大）

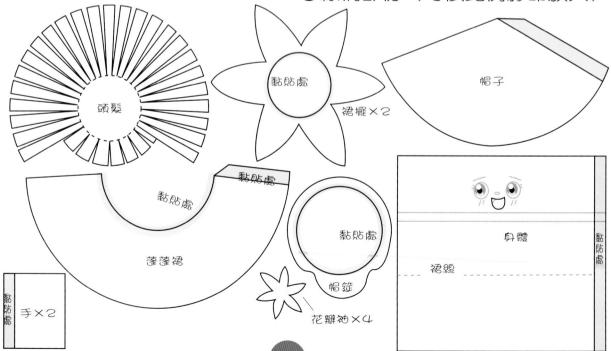

頭髮

黏貼處
裙襬×2

帽子

黏貼處

黏貼處

蓬蓬裙

黏貼處

黏貼處

身體

裙線

黏貼處

黏貼處
手×2

帽簷

花瓣袖×4

●線稿部份（可依比例影印放大）

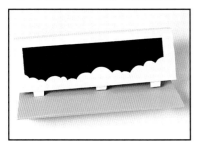

1 以線稿製作，插入孔可稍上膠，使其更固定。

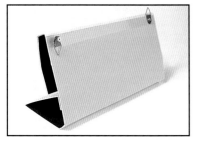

2 背面加上吊環，繫上繩子可吊在牆上或門上。

3 利用電腦列印出字體，並黏於卡紙上。

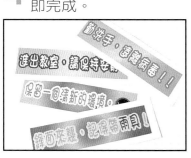

4 以卡典西德裱貼再裁下即完成。

黏貼處

插入孔　　　插入孔　　　插入孔

● **花瓣**─剪出一片花瓣形，再順時鐘方向貼。花瓣以圓筆桿桿出弧度，一圈5瓣，約3圈。

天鵝以圓柱形來作延伸，
翅膀向下彎曲，邊緣以鋸
齒剪剪出變化，公佈欄底
板以珍珠板為底，資料可
以利用圖釘釘上。

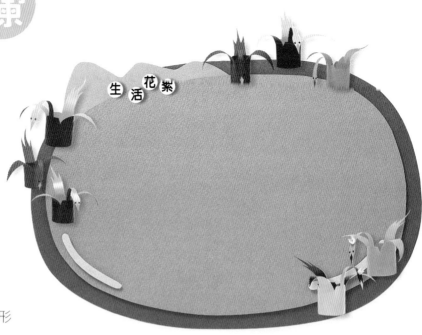

生活花絮

▲基本形

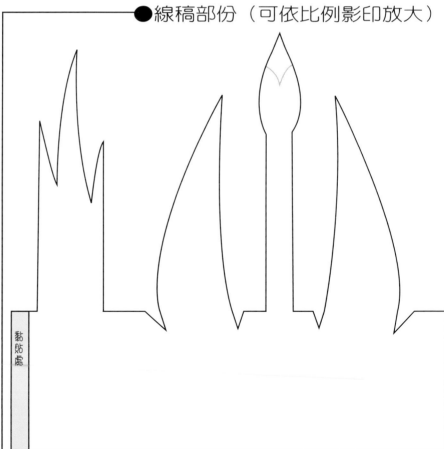

●線稿部份（可依比例影印放大）

黏貼處

直立牌

小木偶的長鼻子利用圓錐技法來表現，手指頭亦以錐柱來表現；小木偶的頭部則以紙雕滾圓邊技法來完成。此為小木偶欲探出洞口的構圖。

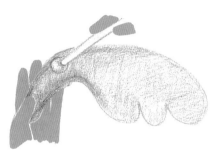

●頭髮翻至背面以攪拌棒之圓頭滾圓邊。

●線稿部份
（可依比例影印放大）

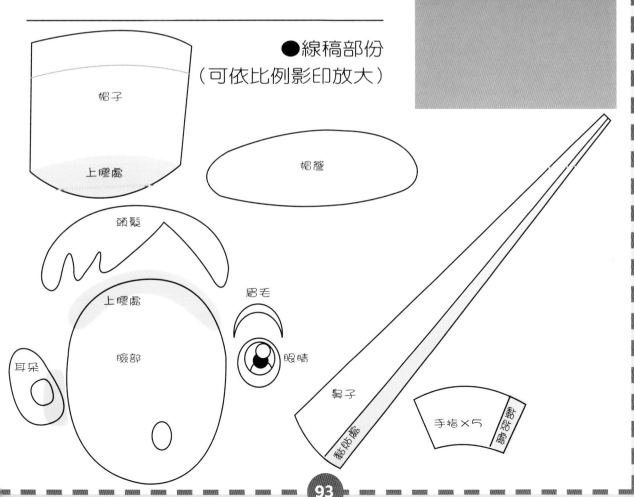

帽子

上膠處

帽簷

頭髮

上膠處

眉毛

臉部

眼睛

耳朵

鼻子

黏貼處

手指×5

黏貼處

黏貼處

立體摺紙的教具

    童話故事 Ⅱ

不努力絕不會成功。
成功需要付出努力。

心情小棧

隨時洗手，預防病毒

壁面設計-睡美人
直立牌-三隻小豬
公佈欄-仙履奇緣
指示牌-小鹿斑比
門口設計-小紅帽

壁面以睡美人的故事為架構。立體佈置讓教室的空間有了精彩的變化；此單元的壁面製作較複雜，難度較高，會花費較多的時間製作，可利用線稿影印放大製作。而公佈欄、門口設計、公佈欄、指示牌的作品難易度較低，可輕鬆上手。

仙女造型由頭部到身體，袖子、帽子、鞋子，都由圓錐和錐柱形完成組合，頭髮作不同的變化，鼻子為另外黏上的（如線稿），帽子在頭部完成後再套上。※藍仙女和黃仙女的作法相同。

▲基本形

●在身體表面割出切線後，將翅膀插入。

●線稿部份（可依比例影印放大

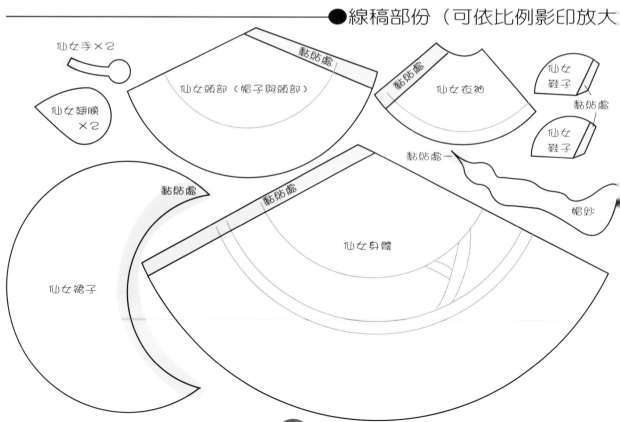

仙女手×2

仙女翅膀×2

仙女頭部（帽子與頭部）

黏貼處

黏貼處

仙女衣袖

仙女鞋子

黏貼處

仙女鞋子

黏貼處一

帽紗

黏貼處

黏貼處

仙女身體

仙女裙子

▲基本形

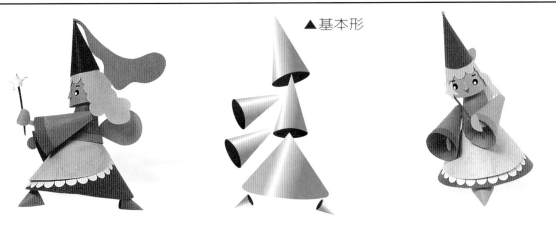

▲基本形

● 線稿部份（可依比例影印放大）

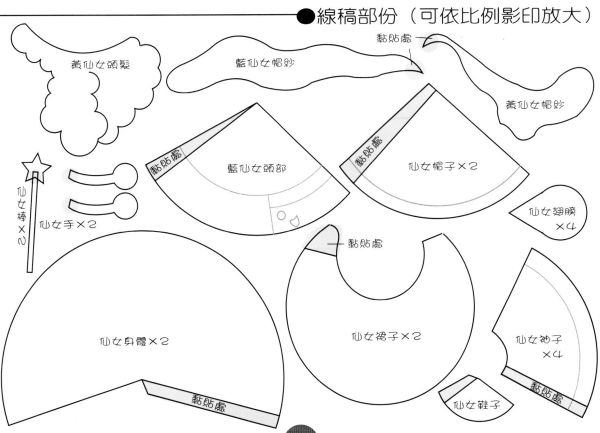

利用錐柱形將
頭至腳一氣呵
成，唯袖子為圓柱形，鬍子和鼻子
各別黏貼，披風為材質較軟的紙來
表現。

▲基本形

1 頭髮剪出鬚狀後，以
圓桿彎弧翹起，再黏
於頭上。

▲側面

▲背面

▲側面

2 衣袖部份如圖向中
摺。

● 線稿部份（可依比例影印放大）

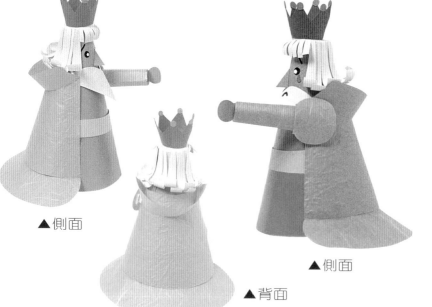

披風衣領

黏貼處

外衣披風

黏貼處

披風下襬

國王頭髮

鼻子

鬍子

王冠

衣袖×2

手

手

臉部

披風線

腰帶

身體

皇后同國王做法。頭髮的部份貼上後，於邊緣處稍作變化；領子以反錐形來黏貼，造型簡單易完成。

▲基本形

1 頭髮黏上頭部後，在邊緣處向外彎出弧形。

▲正面　　　　▲側面

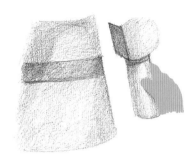

2 衣袖摺出垂直面，後可貼於身體表面上。

●線稿部份（可依比例影印放大）

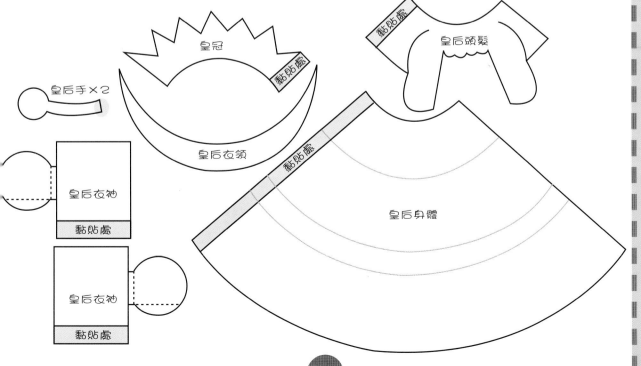

皇冠　黏貼處　皇后頭髮　黏貼處

皇后手×2　皇后衣領

皇后衣袖　黏貼處　皇后身體

皇后衣袖　黏貼處

由錐柱形的身體、衣服下擺、腳和圓錐的鞋、圓柱的衣袖完成，衣袖部份作成輪形來表現蓬蓬袖的效果，由於作品本身圓周較大，在貼於壁面時先固定馬匹，再置於馬上即可。

▲基本形

▲正面

●披風利用筆桿先彎出弧形會比較好黏接。

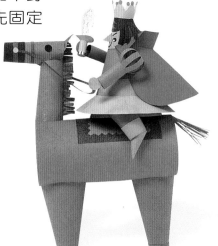

▲側面

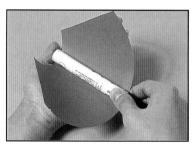

●線稿部份（可依比例影印放大）

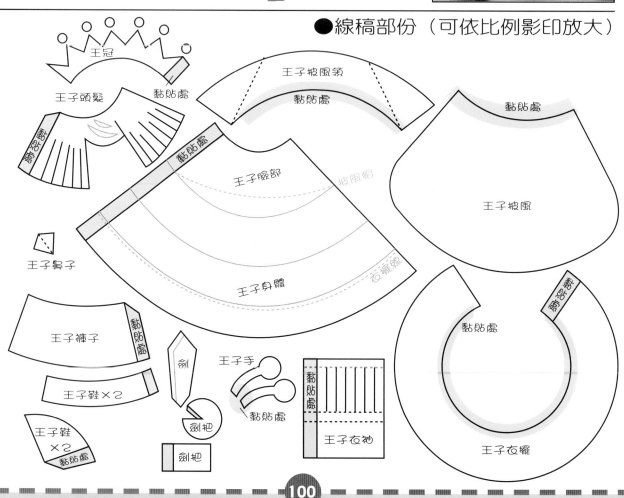

王冠

王子頭髮　黏貼處

黏貼處

王子披風領

黏貼處

黏貼處

黏貼處

王子臉部　　披風帽

王子披風

王子鼻子

王子身體　　衣擺線

黏貼處

王子褲子　黏貼處

劍

王子手

黏貼處

黏貼處

黏貼處

王子鞋×2

劍把

黏貼處

王子衣袖

王子衣擺

王子鞋×2　黏貼處

劍把

魔龍與馬

馬匹由柱形垂直黏接，黏貼時是重點，雙腳稍壓扁會多出更多的黏貼接觸面；魔龍分為三部份：圓錐的角、錐柱形的頭和半圓柱的身，造型簡單而豐富。

▲基本形

●身體部份挖出圓孔把頭插入，使其牢固的接合。

●魔龍身體在割出等距線條後，雙數下壓增加造型感。

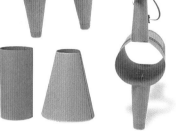

▲基本形　　▲側面

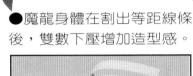

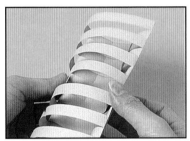

●線稿部份（可依比例影印放大）

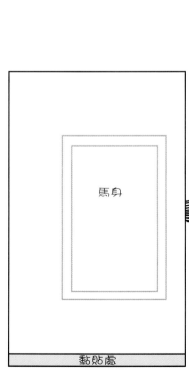

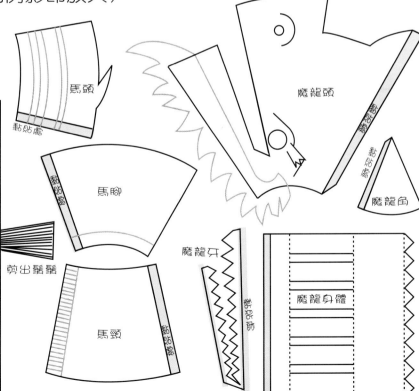

馬身

黏貼處

馬頭

黏貼處

馬腳

剪出鬃鬃

馬頸

黏貼處

魔龍頭

黏貼處

黏貼處

魔龍角

魔龍牙

黏貼處

魔龍身體

裙襬的波浪可增加造型的變化；衣袖同王子的衣袖作法；衣領的蕾絲花邊，可愛的模樣塑造出小公主造型。

▲基本形

▲側面

1

裙襬部份可利用麥克筆做彎曲。

2

鼻子部份摺出三角柱狀，再黏貼於身體柱面。

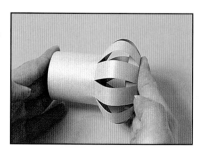

3

袖子部份則將上圍向內摺入，再以手輕輕往下壓出弧形。

●線稿部份（可依比例影印放大）

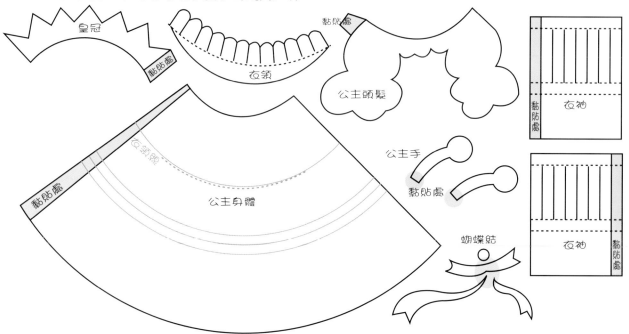

皇冠

黏貼處

黏貼處

衣領

公主頭髮

衣袖

黏貼處

公主身體

公主手

黏貼處

衣袖

黏貼處

蝴蝶結

由半圓錐和半圓柱可黏接成尖塔造型,依線稿一一組合,製作出一幢美麗的城堡;屋宅的立體作法則是在屋頂開口約15°~20°,面與面之間則以折技來表現立體。

▲半圓柱基本形　　　　▲側面

●開口約15°~20°,以白膠接合即可。

●線稿部份(可依比例影印放大)

綠色表示黏貼處

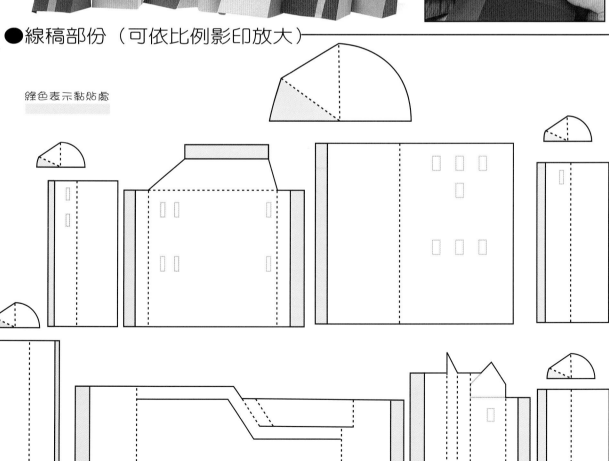

三隻小豬以圓錐面來表現，耳朵則以半立面來表現；雲朵以五個圓錐面來折出，使雲朵造型呈現半圓球形的立體狀態。

▲基本形

● 耳朵部份接合後，再修齊其邊緣。

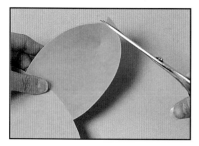

成功需要付出努力。

不努力絕不會成功。

● 線稿部份（可依比例影印放大）

黏貼處

以南瓜馬車的童話造型來代表
仙履奇緣，馬匹作法同P101柱
與柱相接，南瓜以折技摺出立
體造型；城堡利用半圓柱和半
圓錐製作成尖塔。

心情小棧

馬匹

●在馬頭的部
份割出切線，
鬃毛可插入接
合。

南瓜馬車

▲側面

●線稿部份（可依比例影印放大）

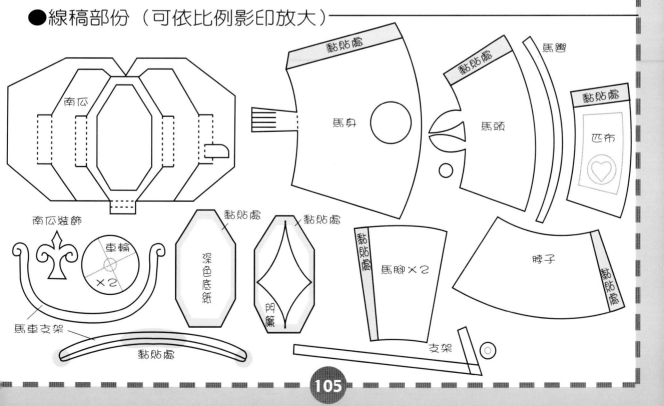

小鹿斑比，以圓柱形延伸，頭部設計成一梯形來折出頭形，身上的斑點可以用色筆塗繪、或隨意剪小色點來黏貼，鼻子則以圓錐形來表現。

▲正面　　　　　　　　　　　▲基本形

●線稿部份（可依比例影印放大）

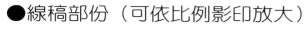

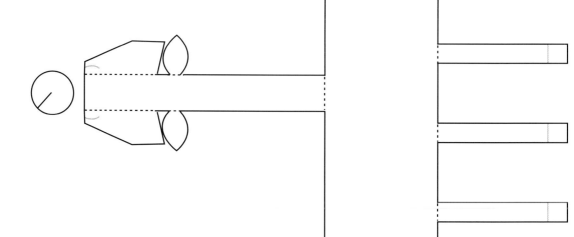

黏貼處

門口設計

以野狼來設計，貼上二大色塊，貼出野狼探出頭來的趣味構圖。野狼以柱形來表現，技法簡單，黏貼時可利用保麗龍來黏接門與野狼。※保麗龍要切成三角柱形。

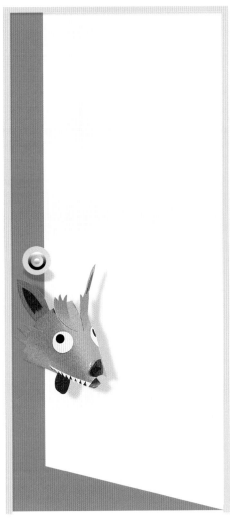

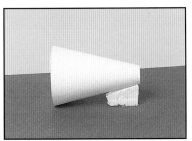

●切一塊三角形保麗龍，可黏接造型物與板面。

●線稿部份
（可依比例影印放大）

黏貼處

黏貼處

新形象出版圖書目錄

郵撥: 0510716-5　　陳偉賢　　地址:北縣中和市中和路322號8F之1
TEL: 29207133・29278446　　FAX: 29290713

一. 美術設計類

代碼	書名	定價
00001-01	新插畫百科(上)	400
00001-02	新插畫百科(下)	400
00001-04	世界名家包裝設計(大8開)	600
00001-06	世界名家插畫專輯(大8開)	600
00001-09	世界名家兒童插畫(大8開)	650
00001-05	藝術.設計的平面構成	380
00001-10	商業美術設計(平面應用篇)	450
00001-07	包裝結構設計	400
00001-11	廣告視覺媒體設計	400
00001-15	應用美術.設計	400
00001-16	插畫藝術設計	400
00001-18	基礎造型	400
00001-21	商業電腦繪圖設計	500
00001-22	商標造型創作	380
00001-23	插畫彙編(事物篇)	380
00001-24	插畫彙編(交通工具篇)	380
00001-25	插畫彙編(人物篇)	380
00001-28	版面設計基本原理	480
00001-29	D.T.P(桌面排版)設計入門	480
X0001	印刷設計圖案(人物篇)	380
X0002	印刷設計圖案(動物篇)	380
X0003	圖案設計(花木篇)	350
X0015	裝飾花邊圖案集成	450
X0016	實用聖誕圖案集成	380

二. POP 設計

代碼	書名	定價
00002-03	精緻手繪POP字體3	400
00002-04	精緻手繪POP海報4	400
00002-05	精緻手繪POP展示5	400
00002-06	精緻手繪POP應用6	400
00002-08	精緻手繪POP字體8	400
00002-09	精緻手繪POP插圖9	400
00002-10	精緻手繪POP畫典10	400
00002-11	精緻手繪POP個性字11	400
00002-12	精緻手繪POP校園篇12	400
00002-13	POP廣告 1.理論&實務篇	400
00002-14	POP廣告 2.麥克筆字體篇	400
00002-15	POP廣告 3.手繪創意字篇	400
00002-18	POP廣告 4.手繪POP製作	400

代碼	書名	定價
00002-22	POP廣告 5.店頭海報設計	450
00002-21	POP廣告 6.手繪POP字體	400
00002-26	POP廣告 7.手繪海報設計	450
00002-27	POP廣告 8.手繪軟筆字體	400
00002-16	手繪POP的理論與實務	400
00002-17	POP字體篇-POP正體自學1	450
00002-19	POP字體篇-POP個性自學2	450
00002-20	POP字體篇-POP變體字3	450
00002-24	POP字體篇-POP變體字4	450
00002-31	POP字體篇-POP創意自學5	450
00002-23	海報設計 1. POP秘笈-學習	500
00002-25	海報設計 2. POP秘笈-綜合	450
00002-28	海報設計 3.手繪海報	450
00002-29	海報設計 4.精緻海報	500
00002-30	海報設計 5.店頭海報	500
00002-32	海報設計 6.創意海報	450
00002-34	POP高手1-POP字體(變體字)	400
00002-33	POP高手2-POP商業廣告	400
00002-35	POP高手3-POP廣告實例	400
00002-36	POP高手4-POP實務	400
00002-39	POP高手5-POP插畫	400
00002-37	POP高手6-POP視覺海報	400
00002-38	POP高手7-POP校園海報	400

三.室內設計透視圖

代碼	書名	定價
00003-01	籃白相間裝飾法	450
00003-03	名家室內設計作品專集(8開)	600
00002-05	室內設計製圖實務與圖例	650
00003-05	室內設計製圖	650
00003-06	室內設計基本製圖	350
00003-07	美國最新室內透視圖表現1	500
00003-08	展覽空間規劃	650
00003-09	店面設計入門	550
00003-10	流行店面設計	450
00003-11	流行餐飲店設計	480
00003-12	居住空間的立體表現	500
00003-13	精緻室內設計	800
00003-14	室內設計製圖實務	450
00003-15	商店透視-麥克筆技法	500
00003-16	室內外空間透視表現法	480
00003-18	室內設計配色手冊	350

代碼	書名	定價
00003-21	休閒俱樂部.酒吧與舞台	1,200
00003-22	室內空間設計	500
00003-23	櫥窗設計與空間處理(平)	450
00003-24	博物館&休閒公園展示設計	800
00003-25	個性化室內設計精華	500
00003-26	室內設計&空間運用	1,000
00003-27	萬國博覽會&展示會	1,200
00003-33	居家照明設計	950
00003-34	商業照明-創造活潑生動的	1,200
00003-29	商業空間-辦公室.空間.傢俱	650
00003-30	商業空間-酒吧.旅館及餐廳	650
00003-31	商業空間-商店.巨型百貨公司	650
00003-35	商業空間-辦公傢俱	700
00003-36	商業空間-精品店	700
00003-37	商業空間-餐廳	700
00003-38	商業空間-店面櫥窗	700
00003-39	室內透視繪製實務	600

四.圖學

代碼	書名	定價
00004-01	綜合圖學	250
00004-02	製圖與識圖	280
00004-04	基本透視實務技法	400
00004-05	世界名家透視圖全集(大8開)	600

五.色彩配色

代碼	書名	定價
00005-01	色彩計畫(北星)	350
00005-02	色彩心理學-初學者指南	400
00005-03	色彩與配色(普級版)	300
00005-05	配色事典(1)集	330
00005-05	配色事典(2)集	330
00005-07	色彩計畫實用色票集+129a	480

六. SP 行銷.企業識別設計

代碼	書名	定價
00006-01	企業識別設計(北星)	450
B0209	企業識別系統	400
00006-02	商業名片(1)-(北星)	450
00006-03	商業名片(2)-創意設計	450
00006-05	商業名片(3)-創意設計	450
00006-06	最佳商業手冊設計	600
A0198	日本企業識別設計(1)	400
A0199	日本企業識別設計(2)	400

七.造園景觀

代碼	書名	定價
00007-01	造園景觀設計	1,200
00007-02	現代都市街道景觀設計	1,200
00007-03	都市水景設計之要素與概	1,200
00007-05	最新歐洲建築外觀	1,500
00007-06	觀光旅館設計	800
00007-07	景觀設計實務	850

八. 繪畫技法

代碼	書名	定價
00008-01	基礎石膏素描	400
00008-02	石膏素描技法專集(大8開)	450
00008-03	繪畫思想與造形理論	350
00008-04	魏斯水彩畫專集	650
00008-05	水彩靜物圖解	400
00008-06	油彩畫技法1	450
00008-07	人物靜物的畫法	450
00008-08	風景表現技法 3	450
00008-09	石膏素描技法4	450
00008-10	水彩.粉彩表現技法5	450
00008-11	描繪技法6	350
00008-12	粉彩表現技法7	400
00008-13	繪畫表現技法8	500
00008-14	色鉛筆描繪技法9	400
00008-15	油畫配色精要10	400
00008-16	鉛筆技法11	350
00008-17	基礎油畫12	450
00008-18	世界名家水彩(1)(大8開)	650
00008-20	世界水彩畫家專集(3)(大8開)	650
00008-22	世界名家水彩專集(5)(大8開)	650
00008-23	壓克力畫技法	400
00008-24	不透明水彩技法	400
00008-25	新素描技法解說	350
00008-26	畫鳥.話鳥	450
00008-27	噴畫技法	600
00008-29	人體結構與藝術構成	1,300
00008-30	藝用解剖學(平裝)	350
00008-65	中國畫技法(CD/ROM)	500
00008-32	千嬌百態	450
00008-33	世界名家油畫專集(大8開)	650
00008-34	插畫技法	450

代碼	書名	定價
00008-37	粉彩畫技法	450
00008-38	實用繪畫範本	450
00008-39	油畫基礎畫法	450
00008-40	用粉彩來捕捉個性	550
00008-41	水彩拼貼技法大全	650
00008-42	人體之美實體素描技法	400
00008-44	噴畫的世界	500
00008-45	水彩技法圖解	450
00008-46	技法1-鉛筆畫技法	350
00008-47	技法2-粉彩筆畫技法	450
00008-48	技法3-沾水筆.彩色墨水技法	450
00008-49	技法4-野生植物畫法	400
00008-50	技法5-油畫質感	450
00008-57	技法6-陶藝教室	400
00008-59	技法7-陶藝彩繪的裝飾技巧	450
00008-51	如何引導觀畫者的視線	450
00008-52	人體素描-裸女繪畫的姿勢	400
00008-53	大師的油畫祕訣	750
00008-54	創造性的人物速寫技法	600
00008-55	壓克力膠彩全技法	450
00008-36	畫彩百科	500
00008-58	繪畫技法與構成	450
00008-60	繪畫藝術	450
00008-61	新麥克筆的世界	660
00008-62	美少女生活插畫集	450
00008-63	軍事插畫集	500
00008-64	技法6-品味陶藝專門技法	400
00008-66	精細素描	300
00008-67	手槍與軍事	350

九. 廣告設計.企劃

代碼	書名	定價
00009-02	CI與展示	400
00009-03	企業識別設計與製作	400
00009-04	商標與CI	400
00009-05	實用廣告學	300
00009-11	1-美工設計完稿技法	300
00009-12	2-商業廣告印刷設計	450
00009-13	3-包裝設計典線面	450
00001-14	4-展示設計(北星)	450
00009-15	5-包裝設計	450
00009-14	CI視覺設計(文字媒體應用)	450

代碼	書名	定價
00009-16	被遺忘的心形象	150
00009-18	綜藝形象100序	150
00006-04	名家創意系列1-識別設計	1,200
00009-20	名家創意系列2-包裝設計	800
00009-21	名家創意系列3-海報設計	800
00009-22	創意設計-啟發創意的平面	850
Z0905	CI視覺設計(信封名片設計)	350
Z0906	CI視覺設計(DM廣告型1)	350
Z0907	CI視覺設計(包裝點線面1)	350
Z0909	CI視覺設計(企業名片吊卡)	350
Z0910	CI視覺設計(月曆PR設計)	350

十.建築房地產

代碼	書名	定價
00010-01	日本建築及空間設計	1,350
00010-02	建築環境透視圖-運用技巧	650
00010-04	建築模型	550
00010-10	不動產估價師實用法規	450
00010-11	經營寶點-旅館聖經	250
00010-12	不動產經紀人考試法規	590
00010-13	房地41-民法概要	450
00010-14	房地47-不動產經濟法規精要	280
00010-06	美國房地產買賣投資	220
00010-29	實戰3-土地開發實務	360
00010-27	實戰4-不動產估價實務	330
00010-28	實戰5-產品定位實務	330
00010-37	實戰6-建築規劃實務	390
00010-30	實戰7-土地制度分析實務	300
00010-59	實戰8-房地產行銷實務	450
00010-03	實戰9-建築工程管理實務	390
00010-07	實戰10-土地開發實務	400
00010-08	實戰11-財務稅務規劃實務 (上)	380
00010-09	實戰12-財務稅務規劃實務 (下)	400
00010-20	寫實建築表現技法	600
00010 39	科技產物環境規劃與區域	300
00010-41	建築物噪音與振動	600
00010-42	建築資料文獻目錄	450
00010-46	建築圖解-接待中心.樣品屋	350
00010-54	房地產市場景氣發展	480
00010-63	當代建築師	350
00010-64	中美洲-樂園貝里斯	350

十一. 工藝

代碼	書名	定價
00011-02	籐編工藝	240
00011-04	皮雕藝術技法	400
00011-05	紙的創意世界-紙藝設計	600
00011-07	陶藝娃娃	280
00011-08	木彫技法	300
00011-09	陶藝初階	450
00011-10	小石頭的創意世界(平裝)	380
00011-11	紙黏土1-黏土的遊藝世界	350
00011-16	紙黏土2-黏土的環保世界	350
00011-13	紙雕創作-餐飲篇	450
00011-14	紙雕嘉年華	450
00011-15	紙黏土白皮書	450
00011-17	軟陶風情畫	480
00011-19	談紙神工	450
00011-18	創意生活DIY(1)美勞篇	450
00011-20	創意生活DIY(2)工藝篇	450
00011-21	創意生活DIY(3)風格篇	450
00011-22	創意生活DIY(4)綜合媒材	450
00011-22	創意生活DIY(5)札貨篇	450
00011-23	創意生活DIY(6)巧飾篇	450
00011-26	DIY物語(1)織布風雲	400
00011-27	DIY物語(2)鐵的代誌	400
00011-28	DIY物語(3)紙黏土小品	400
00011-29	DIY物語(4)重慶深林	400
00011-30	DIY物語(5)環保超人	400
00011-31	DIY物語(6)機械主義	400
00011-32	紙藝創作1-紙塑娃娃(特價)	299
00011-33	紙藝創作2-簡易紙塑	375
00011-35	巧手DIY1紙黏土生活陶器	280
00011-36	巧手DIY2紙黏土裝飾小品	280
00011-37	巧手DIY3紙黏土裝飾小品 2	280
00011-38	巧手DIY4簡易的拼布小品	280
00011-39	巧手DIY5藝術麵包花入門	280
00011-40	巧手DIY6紙黏土工藝(1)	280
00011-41	巧手DIY7紙黏土工藝(2)	280
00011-42	巧手DIY8紙黏土娃娃(3)	280
00011-43	巧手DIY9紙黏土娃娃(4)	280
00011-44	巧手DIY10-紙黏土小飾物(1)	280
00011-45	巧手DIY11-紙黏土小飾物(2)	280

代碼	書名	定價
00011-51	卡片DIY1-3D立體卡片1	450
00011-52	卡片DIY2-3D立體卡片2	450
00011-53	完全DIY手冊1-生活啟室	450
00011-54	完全DIY手冊2-LIFE生活館	280
00011-55	完全DIY手冊3-綠野仙蹤	450
00011-56	完全DIY手冊4-新食器時代	450
00011-60	個性針織DIY	450
00011-61	織布生活DIY	450
00011-62	彩繪藝術DIY	450
00011-63	花藝禮品DIY	450
00011-64	節慶DIY系列1.聖誕饗宴-1	400
00011-65	節慶DIY系列2.聖誕饗宴-2	400
00011-66	節慶DIY系列3.節慶嘉年華	400
00011-67	節慶DIY系列4.節慶道具	400
00011-68	節慶DIY系列5.節慶卡麥拉	400
00011-69	節慶DIY系列6.節慶禮物包	400
00011-70	節慶DIY系列7.節慶佈置	400
00011-75	休閒手工藝系列1-鉤針玩偶	360
00011-81	休閒手工藝系列2-銀編首飾	360
00011-76	親子同樂1-童玩勞作(特價)	280
00011-77	親子同樂2-紙藝勞作(特價)	280
00011-78	親子同樂3-玩偶勞作(特價)	280
00011-79	親子同樂5-自然科學勞作(特價)	280
00011-80	親子同樂4-環保勞作(特價)	280

十二. 幼教

代碼	書名	定價
00012-01	創意的美術教室	450
00012-02	最新兒童繪畫指導	400
00012-04	教室環境設計	350
00012-05	教具製作與應用	350
00012-06	教室環境設計-人物篇	360
00012-07	教室環境設計-動物篇	360
00012-08	教室環境設計-童話圖案篇	360
00012-09	教室環境設計-創意篇	360
00012-10	教室環境設計-植物篇	360
00012-11	教室環境設計-萬象篇	360

十三. 攝影

代碼	書名	定價
00013-01	世界名家攝影專集(1)-大8開	400
00013-02	繪之影	420
00013-03	世界自然花卉	400

新形象出版圖書目錄

郵撥: 0510716-5　　陳偉賢　　　地址:北縣中和市中和路322號8F之1
TEL: 29207133・29278446　　　FAX : 29290713

十四. 字體設計

代碼	書名	定價
00014-01	英文.數字造形設計	800
00014-02	中國文字造形設計	250
00014-05	新中國書法	700

十五. 服裝.髮型設計

代碼	書名	定價
00015-01	服裝打版講座	350
00015-05	衣服的畫法-便服篇	400
00015-07	基礎服裝畫(北星)	350
00015-10	美容美髮1-美容美髮與色彩	420
00015-11	美容美髮2-蕭本龍e媚彩妝	450
00015-08	T-SHIRT（噴畫過程及指導）	600
00015-09	流行服裝與配色	400
00015-02	蕭本龍服裝畫(2)-大8開	500
00015-03	蕭本龍服裝畫(3)-大8開	500
00015-04	世界傑出服裝畫家作品4	400

十六. 中國美術.中國藝術

代碼	書名	定價
00016-02	沒落的行業-木刻專集	400
00016-03	大陸美術學院素描選	350
00016-05	陳永浩彩墨畫集	650

十七. 電腦設計

代碼	書名	定價
00017-01	MAC影像處理軟件大檢閱	350
00017-02	電腦設計-影像合成攝影處	400
00017-03	電腦數碼成像製作	350
00017-04	美少女CG網站	420
00017-05	神奇美少女CG世界	450
00017-06	美少女電腦繪圖技巧實力提升	600

十八. 西洋美術.藝術欣賞

代碼	書名	定價
00004-06	西洋美術史	300
00004-07	名畫的藝術思想	400
00004-08	RENOIR雷諾瓦-彼得.菲斯	350

幼教教具設計系列②
Teaching Aid

摺紙佈置の教具

出 版 者：新形象出版事業有限公司
負 責 人：陳偉賢
地　　址：台北縣中和市中和路322號8F之1
電　　話：2920-7133・2927-8446
F A X：2929-0713
編 著 者：新形象
總 策 劃：陳偉賢
執行設計：黃筱晴
電腦美編：黃筱晴、洪麒偉
封面設計：黃筱晴、洪麒偉

（版權所有，翻印必究）　　　定價：360元

總 代 理：北星圖書事業股份有限公司
地　　址：台北縣永和市中正路462號5F
門　　市：北星圖書事業股份有限公司
地　　址：台北縣永和市中正路498號
電　　話：2922-9000
F A X：2922-9041
網　　址：www.nsbooks.com.tw
郵　　撥：0544500-7北星圖書帳戶
印 刷 所：利林印刷股份有限公司
製 版 所：台欣印刷股份有限公司

國家圖書館出版品預行編目資料

摺紙佈置の教具 / 新形象編著.--第一版.--
　臺北縣中和市：新形象，2003【民92】
　　面；　公分.--（幼教教具設計系列；2）

ISBN 957-2035-51-7（平裝）

　1．學前教育 - 教學法　2．教具-設計 3.
紙工藝術

523.23　　　　　　　　　　　　92011394